KB131965

아주
개인적인
군주론

일러두기
본문 속 인용문은 현대지성에서 출간된 김운찬 번역의 판본 『군주론』을 바탕으로 했습니다.

아주
개인적인
군주론

나를 지키는 마키아벨리 500년의 지혜

이시한 지음　Machiavelli

21세기북스

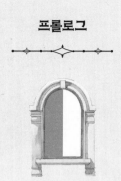

마키아벨리는 많은 사람들이 읽기를 바라는 마음으로 『군주론』을 쓰지 않았다. 인류사에 남을 명작을 써야겠다고 생각한 것도 아니었다. 하지만 이 책은 지금까지도 많은 이들에게 읽히고 있는 인류사의 명작으로 남아 있다.

많은 독자들이 고전으로서의 이름값 때문이 아니라, 『군주론』의 실질적인 내용을 접하기 위해 이 책을 산다. 『군주론』이 처음 나온 시기는 1513년으로 임진왜란 발발보다도 훨씬 전이다. 무려 500년 전에 나온 책을 지금도 사람들은 돈을 지불하면서까지 구매하고 있는 것이다. 인류 역사에서 500년 동안 이렇게 꾸준히 팔린 책은 생각보다 많지 않다.

이 책이 계속 출판되고 사람들에 의해 소비된다는 사실은 그만큼 이 책의 내용이 사람들의 본질을 꿰뚫고 있다는 뜻이다. 500년도 넘는 시간 동안 정치, 경제, 사회, 문화, 종교 등에서 다양한 시스템이 등장했고, 사라졌다. 나날이 발전하는 기술로 인해 인간의 존재 양태와 의식 수준도 과거와는 완전히 달라졌다. 그런데도 이 시간을 관통하며 『군주론』은 살아남았다. 이 말은 곧 이 책에는 세태와 트렌드를 뛰어넘어 인간의 본질적인 원형에 가 닿는 핵심이 담겨 있다는 의미다.

그리고 그 핵심은 우리에게 매우 유용할 것이다. 변화하는 것이 아닌 불변하는 것에 대한 이야기이자, 시간의 흐름에 따라 퇴색하는 이야기가 아니라 시간이 흐를수록 생생해지는 것에 대한 이야기이니 말이다. 그러니까 『군주론』은 한 번 알아놓으면 평생에 걸쳐 활용할 수 있는 내용이라는 것이다.

하지만 시대는 변하고 문화는 바뀐다. 같은 이야기도 받아들이는 시대에 따라 조금씩 다른 해석과 적용이 필요하다. 그런 면에서 한국 사회에서의 고전은 고전 자체로만 받아들여지는 경향이 있다. 하지만 사실 진짜 고전의 힘은 다양하고 새로운 해석에 있다.

『군주론』의 군주를 진짜 왕으로만 받아들인다면 전 세계에서 이 책의 독자가 될 사람은 그다지 많지 않다. 오늘날 『군주론』의 독자들은 리더이며, 팀장이며, 오너다. 조금 더 나아가면 사람들과 관계를 형성하며 살아가야 하는 사회 구성원들, 그러니까 평범한 우리 모두다. 이 책은 인간관계의 기술, 리더십과 소통, 현명한 이미지메이킹에 대한 이야기 등 인문학과 자기계발서로서의 조건을 충분히 갖추고 있다.

그런 면에서 『군주론』을 '500년 전 피렌체'에서 '지금 우리 시대'로 옮겨놓은 『아주 개인적인 군주론』은 그 의미가 깊다. 이 책은 지난 500년 동안 꾸준히 통했던 마키아벨리의 원론과 지혜를 현대적인 상황에 맞게 분석하고 해석한다. 또한 독자가 군주가 아닌 대중일 때 어떻게 적용해야 하는지도 풍부하게 다루고 있다.

『아주 개인적인 군주론』은 우리 모두를 위한 『군주론』의 현대적 해석이다. 성취하는 삶을 위한 지침서이자, 인간을 이해하는 인문서로도 활용할 수 있다. 무엇보다 사회적 관계를 이루며 살아가는 데에 필요한 표면적 기술이 아닌 원론적 법칙을 『군주론』에서 끌어낸다.

마키아벨리는 『군주론』을 씀으로써 자신이 책을 바친 군주보다도 훨씬 유명한 사람이 되었다. 그는 500년이 지난 지금도 회자되는 세계사적 위인이다. 그러니 『군주론』은 위대한 사람에 대한 책이 아닌, 한 사람을 위대하게 만든 책이다. 어찌 『군주론』이 궁금하지 않겠는가? 이제부터 그 궁금증을 차근차근 풀어보려 한다.

차례

2부 🎵 변화된 사회와 새로운 군주론

3부 🎵 군주론에서 배우는 리더의 자질과 조건

신중한 사람은 언제나
위대한 사람들이 걸었던 길로 들어가고
탁월했던 사람들을 모방합니다.
자신의 역량이 거기에 미치지 못한다 하더라도
냄새 정도는 풍기도록 말입니다.
-마키아벨리『군주론』

1부

진짜 마키아벨리를
만나다

1장

마키아벨리에 관한 몇 가지 오해

한 사람만을 위한 헌정서, 군주론

우리는 왜 고전을 읽을까? 몇백 년 전에 쓰인 글들이 지금까지 읽히는 이유는 거기에 인간의 본질적인 부분을 건드리는 강한 매력이 담겨 있기 때문일 것이다. 오래전에 쓰인 전혀 다른 시대의 글이 21세기를 살아가는 우리들에게 많은 시사점을 준다는 것은 우리가 고전을 읽어야 하는 또하나의 이유다. 일일이 거론하기조차 어려울 만큼 많은 종류의 고전들 가운데 여기서 심도 있게 다룰 책은 니콜로 마키아벨리Niccolò Machiavelli의 『군주론』이다. 먼저 1부에서는 마키아벨리가 이 책을 집필할 수밖에 없었던 시대적 배경에 대해 살펴볼 것이다.

마키아벨리와 『군주론』에 대해 본격적으로 이야기하기에 앞서 잠시 유명 고전 도서에 관한 3대 오해에 관해 짚고 넘어가도록 하자. 『데미안』과 『위대한 개츠비』 그리고 『군주론』에 관한 오해다.

소설 『데미안』의 주인공을 데미안으로 알고 있는 사람들이 많은데 진짜 주인공은 싱클레어다. 게다가 이 책의 저자를 대부분 헤르만 헤세로 알고 있지만 사실은 에밀 싱클레어다. 에밀 싱클레어는 헤르만 헤세가 자신의 명성이 아닌 진짜 실력으로 평가받기 위해 만든 필명이다. 저자와 소설 주인공의 이름이 동명이다 보니 책의 내용을 두고 픽션인지 논픽션인지에 대한 의견이 분분하기도 했다.

마찬가지로 프랜시스 스콧 피츠제럴드의 소설 『위대한 개츠비』의 주인공 또한 개츠비로 알고 있는 사람들이 아주 많지만 실제 주인공은 옆에서 개츠비의 몰락 과정을 지켜

보는 친구 닉 캐러웨이다.

　고전 도서를 둘러싼 3대 오해 중 마지막은 바로『군주론』이다. 군주론이라고 하니 저자인 마키아벨리가 군주였거나 최소한 국정에 관여하는 고위 공직자였을 것으로 짐작하는 경우가 많다. 하지만 마키아벨리는 굳이 분류하자면 군주도 아니고 총리도 아닌, 오늘날의 7~9급 정도에 해당하는 말단 공무원이었다. 국민이나 조직을 다스리는 일을 해본 적이 없는 사람이 군주론에 대해 쓴 것이다.

　어떻게 이런 일이 가능했는지 하나하나 살펴보도록 하자. 먼저『군주론』이 출간될 당시의 배경과 상황, 그리고 이 책의 저자인 마키아벨리라는 인물에 대해 알아볼 필요가 있다.『군주론』은 1513년에 쓰인 책이다. 원래 출판을 목적으로 쓰인 책은 아니었고, 요즘 식으로 비유하자면 일종의 대학원생들의 '학업계획서'에 가까웠다고 볼 수 있다. 이 책은 단 한 명을 위해 쓰였으며, 그 독자는 당시 이탈리아의 군주였던 로렌초 데 메디치Lorenzo di Piero de' Medici였다. 마키아벨리는 '통치는 이렇게 해야 하는 것'이라며 자신이 쓴 글을 군주에게 바쳤다. 이 글은 약 30여 년 뒤에 정식으로 출판되었고, 점차 널리 퍼져나갔다.

가톨릭이 주류였던 당대에 대중을 상대로 하는 출판 시장을 겨냥했다면 아마 이런 내용의 글을 쓰기는 어려웠을 것이다. '우리 둘만의 비밀로 하고, 솔직히 말씀드리면'이라는 형식을 취하는 이 글에는 당시 가톨릭교회가 문제 삼을 만한 구절이 아주 많기 때문이다.

피렌체의 위기와 새로운 물결

중세 이후 이탈리아는 사분오열되어 있었다. 지도를 보면 확연히 알 수 있는데, 마치 우리나라의 삼국시대와 유사하다. 삼국시대에 고구려, 백제, 신라는 각축을 벌이며 서로 이기고 지고를 반복했지만 기본적으로 삼국이 한민족이라는 개념을 가지고 있었다. 왜냐하면 『삼국유사』나 『삼국사기』와 같은 이야기가 쓰였다는 사실은 당시 사람들이 삼국을 같은 뿌리로 여겼음을 보여주기 때문이다. '민족'이라는 개념이 19세기에 들어와 생겼으니 당시에는 그저 같은 민족을 '같은 뿌리' 정도로 여겼을 것이다. 이렇게 같은 뿌리의 민족이 각기 다른 나라로 나뉘어 전쟁을 반복했다는 점에서 중세 이후 이탈리아 역시 삼국시대와 비슷한 상황이었다.

이탈리아반도는 비옥한 토지, 온화한 지중해성 기후를 가진 살기 좋은 땅이어서 선사시대부터 사람들이 많이 모여 사는 곳이었다. 여러 민족이 이탈리아반도를 오갔지만 최초의 통일은 기원전 3세기경 로마제국에 의해 이루어졌다. 그러나 기원전 5세기경에 서로마제국이 몰락하면서 통일은 무너졌고, 이탈리아는 사분오열하게 된다.

중세 이탈리아는 크게 북부, 중부, 남부 이탈리아와 오늘날의 코르시카섬까지 크게 네 지역으로 분열되어 있었고, 각 지역마다 몇 개씩 도시국가들이 형성되어 견제와 전쟁이 끊이지 않았다. 남부 이탈리아는 시칠리아 왕국과 나폴리 왕국이 대표하고 있었고, 코르시카섬은 사르디니아 왕국이 대표했다. 중부 이탈리아는 대부분이 교황령이었고, 북부 이탈리아에는 밀라노 공국, 시에나 공화국, 피렌체 공화국, 제노바 공화국 등이 자리하고 있었다. 이 나라

이탈리아, 1497년

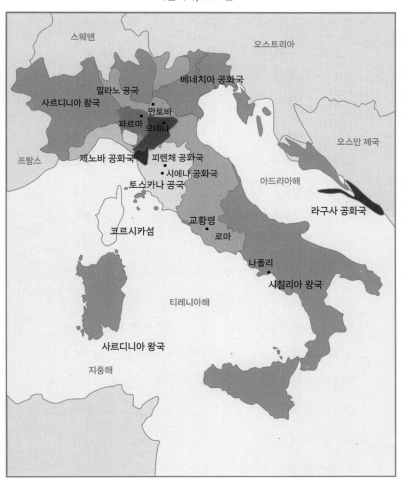

들은 각 지역을 대표했고, 중세 이탈리아는 이 밖에도 여러 작은 나라들이 탄생과 몰락, 그리고 멸망을 반복하는 가운데 혼돈의 시대를 지나고 있었다.

마키아벨리는 이중 북부 이탈리아에 속해 있던 피렌체 사람이다. 피렌체 지역 역시 여러 가문이 다툼을 반복하고 있었고, 1434년부터는 메디치 가문이 피렌체를 장악하기 시작했다. 메디치 가문이 피렌체를 장악하면서 15세기 피렌체는 최전성기를 누리게 된다.

메디치 가문은 문화에 아주 관심이 많았던 만큼 문화 지원과 예술인들에게 후원을 아끼지 않았다. 미켈란젤로, 라파엘로, 보티첼리 등 르네상스 하면 떠오르는 유명한 예술가들이 모두 메디치 가문으로부터 후원을 받았다. 예술가들을 후원하는 문화는 오늘날에도 쉽게 찾아볼 수 있는데, 메디치 가문이 이런 후원 문화의 시초라고 볼 수 있다. 피렌체를 르네상스의 발상지로 여기는 이유도 메디치 가문에 의한 예술적 풍요로움 덕분일 것이다. 마키아벨리는 1469년, 이런 시대적 배경 속에서 태어났다.

하지만 모든 권세가 그렇듯이 메디치 가문 또한 몇백

년씩 명맥을 이어가지는 못했다. 메디치 가문이 권력을 잡고 르네상스 문화를 꽃피웠음에도 이탈리아는 계속해서 여러 갈래로 분열되었다. 그리고 여기서 더 큰 문제가 발생한다. 이탈리아 위쪽으로 왼쪽에는 프랑스, 오른쪽에는 오스트리아가 있다. 사실 이전까지만 해도 이 나라들 역시 단합되지 않기는 마찬가지였다. 그런데 어느 순간부터 프랑스, 신성로마제국(오늘날의 독일), 오스트리아 등이 하나둘 뭉치더니, 조금씩 이탈리아로 밀고 내려오기 시작했다.

피렌체가 아주 강성하던 때는 로렌초 데 메디치가 지배하던 시절이다. 그는 피렌체가 곤경에 처했을 때 나폴리의 왕을 찾아가 도움을 청하기도 했다. 나폴리의 왕이 어떤 생각을 가지느냐에 따라 밀라노의 왕을 임명하거나 박탈할 수 있었는데, 이것은 그만큼 나폴리가 강력한 힘을 가지고 있었다는 것을 의미한다. 피렌체는 그런 나폴리의 지지로 안정화될 수 있었고, 피렌체 사람들은 자신들을 위기에서 구한 로렌초 데 메디치를 위대한 인물로 여겼다.

그런데 문제는 그 이후다. 프랑스가 피렌체를 침략할 무렵 피렌체는 로렌초 데 메디치의 아들 피에로 데 메디치

Piero di Lorenzo de' Medici가 지배하고 있었는데 그는 무능하기로 유명했다. 결국 1494년에 피렌체는 자신들의 영토였던 피사를 프랑스에 빼앗기고 만다. 사실 피에로 데 메디치가 무능해서라기보다는 프랑스가 너무 강했기 때문에 어쩔 수 없는 결과였다. 프랑스가 피렌체뿐 아니라 로마로 밀고 내려가 나폴리까지 침략할 정도였으니 피에로 데 메디치 입장에서는 억울하기도 했을 것이다. 그렇더라도 피렌체 시민들로서는 화가 날 수밖에 없었다. 로렌초 데 메디치와 확연히 비교될 만큼 무능한 것도 못마땅한데 영토까지 빼앗겼으니 그럴 만도 하지 않겠는가.

나라를 구한 하급 공무원

결국 시민들은 메디치 가문을 쫓아내고 피렌체를 공화국으로 세운다. 마키아벨리는 메디치 가문이 지배하던 시절이 아닌 바로 이 시기에 등용하게 되는데, 그가 처음 맡았던 임무는 외교부의 서기 보조였다. 오늘날의 업무 분야로 말하자면 복사도 하고, 문서 정리도 하고, 외교 업무도 어느 정도 수행하는 직책이었다고 할 수 있다.

그러다가 나중에는 외국의 원수들을 만나는 임무를 수행하기도 했는데, 당시의 대사직은 오늘날의 대사 개념과는 많이 달랐기 때문에 국가 원수를 만난다고 해서 그것이 곧 고위 공무원임을 의미하지는 않았다. 왜냐하면 현대에는 국가 간에 조약이 있어 대사를 함부로 대할 수 없지만, 당시에는 마음만 먹으면 대사를 해하는 일이 어렵지 않게 실행되다 보니 고위직 인사들이 대사로 나가기를 무척이나 꺼렸다. 그러니 대사라기보다는 일종의 전령에 더 가까웠다고 볼 수 있다.

마키아벨리는 자신이 맡은 일을 아주 잘 해냈다. 마키아벨리의 『군주론』에 등장하는 바람직한 군주의 모델은 바로 체사레 보르자Cesare Borgia다. 체사레 보르자는 교황 알렉산데르 6세Alexander VI의 아들이며, 불과 18세의 나이에 추기경이 되었다. 이뿐만 아니라 그는 역사상 스스로 추기경직에서 사임한 최초의 인물이기도 하다.

교황의 아들이었던 체사레 보르자는 피렌체와 인접해

있는 영토를 가지고 있었지만 그것으로 만족하지 못해 이탈리아를 통일하려는 야욕으로 피렌체 영토를 침범하기도 했다. 그때 마키아벨리가 직접 체사레 보르자를 찾아가 "이러시면 안 됩니다!"라고 말하며 협상을 요구했다. 하지만 체사레 보르자의 단호함에 마키아벨리는 그가 보통사람이 아니라는 것을 직감하고, '무릇 군주라면 저 정도는 되어야 하지 않을까'라는 생각을 하게 된다. 체사레 보르자의 카리스마에 강한 자극을 받은 것이다. 후에 체사레 보르자는 마키아벨리의 롤모델로 『군주론』에 등장하게 된다.

협상을 위해 체사레 보르자를 찾아간 마키아벨리는 어떻게든 자신의 목적을 이루어야만 했다. 그는 이번에는 프랑스로 향했다. 당시에는 프랑스가 많은 것을 좌지우지하던 시기였으니 프랑스 왕에게 체사레 보르자의 공격을 제지해달라고 부탁하기 위해서였다. 하지만 말단 공무원의 신분으로 프랑스 왕에게 그런 부탁을 하기는 쉽지 않았다. 프랑스 왕을 대면할 기회조차 얻기 힘들었으니 말이다.

마키아벨리 역시 정상적인 방법으로 체사레 보르자의

공격을 멈추게 하기란 불가능하다는 것을 알고 있었다. 그는 궁리 끝에 프랑스 왕에게 뇌물을 바치기로 결심하고, 결국 로비에 성공한다. 프랑스 왕은 체사레 보르자에게 피렌체를 공격한다면 결코 묵과하지 않겠노라 협박했고, 마키아벨리의 기지로 위기에서 벗어난 피렌체는 다시 균형을 되찾는다.

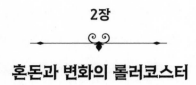

2장

혼돈과 변화의 롤러코스터

피렌체 공화국의 몰락과 마키아벨리의 위기

체사레 보르자의 아버지인 교황 알렉산데르 6세의 갑작스러운 죽음으로 이탈리아는 다시 혼란에 빠진다. 알렉산데르 6세는 한 파티에서 무언가를 먹은 뒤 갑작스레 죽음에 이르게 되는데, 같은 시기 체사레 보르자 역시 병에 걸린다. 여러 정황상 독약이 의심되었으나 정확하게 밝혀진 바는 없다. 어쨌든 아버지의 죽음으로 체사레 보르자의 가문은 몰락의 수순을 밟을 수밖에 없게 된다.

이어 율리오 2세Julius II가 교황 자리에 오르게 되는데, 당연하게도 그에게는 전 교황의 아들인 체사레 보르자가 눈엣가시처럼 느껴질 수밖에 없었다. 그는 이것저것 트집을 잡아 체사레 보르자의 흔적과 존재 자체를 지우기 위한 계획을 세운다.

그런데 체사레 보르자가 몰락하자 기다렸다는 듯이 베네치아가 체사레 보르자의 영토를 침범했다. 땅이 비어 있으니 먼저 차지하는 사람이 주인이라는 식이었다. 베네치아의 터무니없는 행보에 교황은 몹시 분노했다. 자신이 차지해야 할 체사레 보르자의 영토를 감히 베네치아가 차지했기 때문이다.

당시 교황은 군주 못지않은 군사력을 가지고 있었다. 화가 난 교황은 신성로마제국, 스페인, 프랑스와 동맹을 맺은 뒤 1509년에 베네치아를 공격한다. 강대국들의 연합으로 베네치아는 하루 만에 함락당하고 만다.

하지만 교황은 기대와 달리 크게 만족하지 않았다. 어쨌거나 같은 이탈리아인 베네치아가 하룻밤에 짓밟히는 상황이 펼쳐지자 그의 머릿속이 복잡해진 것이다. 그는 갑자기 태세를 전환해 이번에는 베네치아, 스페인과 손을 잡고 프랑스와 신성로마제국을 내쫓기로 결심한다. 전세가 뒤바뀌자 프랑스와 신성로마제국은 자신들의 지분도 챙기지 못한 채 쫓겨나야 하는 황당한 상황에 처하게 된다.

먼저 교황은 신성로마제국을 제외하고 프랑스를 상대로 대립 구도를 취했다. 하지만 피렌체는 프랑스의 전통적인 우방국이었다. 프랑스로서는 교황에게 밉보여 득 될 일이 없었지만 고민 끝에 피렌체에 군대 지원을 요청했고, 피렌체는 어쩔 수 없이 소규모 군대를 지원한다.

소규모든 대규모든 이탈리아에 속하는 피렌체가 프랑스 편을 들었다는 사실에 교황은 몹시 화가 났다. 교황은 스페인과 협력해 피렌체를 함락시켰다. 이때가 1512년이다. 불과 몇 년 사이에 이렇게 많은 일들이 일어난 것이다. 그렇게 피렌체 공화국이 무너지자 교황은 그 틈을 타 쫓겨났던 메디치 가문 사람들을 다시 불러들였다.

메디치 가문이 복귀하자 마키아벨리는 반메디치 인사로 찍히게 된다. 피렌체 공화국에서 중요한 업무를 수행한 사람이었기 때문이다. 마키아벨리는 하루아침에 일자리를 잃게 되고, 심지어 메디치 가문 인사를 암살하려 했다는 음모에 휘말리면서 교도소에 갇히게 된다.

당시 '날개 꺾기'라고 불리던 고문이 있었는데, 양쪽 어깨를 묶어 높은 곳에 매단 뒤 그대로 툭 떨어뜨려 어깨를 탈구시키는 고문이다. 마키아벨리는 이 고문을 무려 여섯 번이나 당했다. 그럼에도 그는 굴하지 않고 자신의 결백을 주장했다. 고통을 견디지 못해 암살 모의에 가담했다고 말해버리는 순간 사형당하고 말 것이라는 사실을 그는 잘 알고 있었다. 교황 측에서는 고집스럽게 견디는 마키아벨리를 두고 고민이 많았을 것이다.

새로운 비상을 준비하다

마키아벨리가 위기에 봉착해 있는 가운데 체사레 보르자를 공격했던 교황 율리오 2세가 말라리아로 갑작스러운 죽음을 맞게 된다.

율리오 2세의 뒤를 이은 교황은 레오 10세Leo X다. 레오 10세의 본명은 조반니 데 메디치Giovanni di Piero de' Medici로, 이름에서 짐작할 수 있듯이 메디치 가문의 사람이자 로렌초 데 메디치의 둘째 아들이다. 그 당시 피렌체는 로렌초 데 메디치의 셋째 아들이자 조반니 데 메디치의 동생인 줄리아노 데 메디치Giuliano di Piero de' Medici가 다스리고 있었다. 그는 자신의 형인 로렌초 데 메디치가 교황이 되자 이를 축하하고 기념하기 위해 교도소에 있는 죄수들을 사면했다. 그 명에 따라 암살 음모로 갇혀 있던 마키아벨리도 함께 풀려나게 된다.

어렵사리 풀려나긴 했지만 벌금을 내고 나자 마키아벨리에게는 남은 돈이 없었다. 그는 하는 수 없이 아버지가 물려준 농장에 칩거하게 된다. 그러나 농장을 꾸리는 것만으로는 생계를 이어가기 어려웠다. 그는 귀족 자제들을 상대로 과외를 하며 근근이 생활하게 되는데, 이때 쓴 책이 바로 『군주론』이다. 메디치 가문이 다시 권세를 잡으면서 낭떠러지로 내몰린 신세가 된 그는 '진정한 군주란 무엇인가'에 관해 숙고하며 두고두고 역사에 남게 될 글을 쓴 것이다.

　마키아벨리는 밤마다 책을 읽고 글을 썼다. 그런데 이때 한 가지 흥미로운 점은 그가 책을 읽기 전에 항상 목욕재계하고 의관을 정제했다는 점이다. 당연히 그 당시는 오늘날처럼 아무 때나 샤워를 할 수 있는 시절이 아니었다. 그럼에도 그는 목욕을 하고 의복을 갖춰 입은 뒤 반듯하게 책상 앞에 앉아 그리스와 로마 사람들의 글을 읽었다. 성현聖賢들을 마주하기 위해서는 그에 합당한 예의를 갖춰야 한다고 생각했기 때문이다. 마키아벨리는 그들의 글을 읽으면서 선조들이 어떻게 백성들을 다스리고 나라를 지켰는지 조목조목 정리했다. 그 과정 속에서 『군주론』의 틀이 완성된 것이다.

　마키아벨리는 이때 『군주론』뿐만 아니라 정치 역사에 대한 내용을 담은 『로마사 논고』와, 잘 알려져 있지는 않지만 『만드라 골라La Mandragola』라는 희곡도 집필했다. 우리말로 번역하자면 '최음제'라는 뜻을 가진 이 희곡은 당시 대중들에게 어느 정도 인기를 얻기도 했다. 그러면서 마키아벨리는 점차 작가로서의 명성을 얻기 시작한다. 시골 농장에 파묻혀 살고 있다고 해서 삶을 포기한 것은 아니었다. 그는 자신의 인맥과 명성을 적절히 활용해 새로운 부상浮上을 꿈꾸었다.

같은 시기에 또다시 교황이 바뀌었는데 레오 10세의 뒤를 이은 교황은 클레멘스 7세Clemens VII다. 다행스럽게도 새로운 교황 클레멘스 7세는 마키아벨리를 지지했다. 마키아벨리는 그의 신임을 얻어 성벽 공사를 총괄하는 감독으로 임명되었다. 여전히 하급 공무원이기는 했지만 이전과 비교하면 두 계단 정도 상승한 직책이었다. 삶의 밑바닥으로 내몰린 채 웅크리고 있던 그의 날개가 새로운 비상을 준비하기 시작한 것이다.

불행한 삶이 남긴 위대한 유산

교황의 신임을 얻어 새롭게 일을 시작했지만 마키아벨리의 인생은 그리 순탄하지 않았다. 같은 시기 신성로마제국은 힘을 키워 프랑스와 대립하게 되는데, 이때 메디치 가문은 프랑스 편에 서서 로마를 공격했다가 축출당하기에 이른다. 메디치 가문이 몰락하면서 공화정이 다시금 복귀하는 상황이 펼쳐진 것이다.

벼랑 끝까지 밀려났다가 기사회생해 하급 공무원 생활을 이어가던 마키아벨리에게 공화정의 복귀는 더없이 반가운 일이었다. 그러나 기회라고 믿었던 것과 달리 공화정은 메디치 가문 아래에서 공무원으로 일했던 마키아벨리를 탐탁지 않게 여겼다. 고위직 공무원도 아니었던 그는 억울하게도 메디치 가문의 부역자로 분류되어 또다시 축출당하고 만다. 메디치 가문의 군주에게 '군주론'이라는 제목의 글까지 헌사했으니 이런 결말은 어쩌면 예견된 일이었는지도 모른다.

실의에 빠진 마키아벨리는 그로부터 몇 년 지나지 않아 죽음을 맞이한다. 언젠가 다시 복귀할 수 있으리라는 기대를 품고 어떻게든 삶을 버텨냈지만 실낱같은 희망조차 사라지자 무너지고 만 것이다.

마키아벨리의 『군주론』은 이렇게 격동의 시대적 배경과 롤러코스터 같은 그의 생애를 바탕으로 탄생했다. 마키아벨리가 사망한 이후에도 메디치 가문은 1569년경에 다시 피렌체를 지배하게 되는데 그 또한 영원하지는 못했다. 1737년 무렵 메디치 가문은 권좌에서 사라진다. 피렌체에는 자고 일어나면 세상이 바뀌어 있고, 자고 일어나면 또다시 세상이 바뀌어 있는 혼란스러운 상황이 오랫동안 지속되었다.

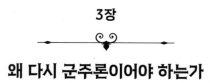

3장

왜 다시 군주론이어야 하는가

변화와 혼돈의 시대

마키아벨리가 『군주론』을 집필하던 시기 피렌체의 외적인
상황은 어땠을까? 메디치 가문의 복귀로 인해 마키아벨리
가 공직에서 떠밀려 난 뒤 농장에 칩거하며 군주에게 바치
는 글을 쓰던 무렵, 피렌체뿐만 아니라 이탈리아 전체 상황
역시 녹록하지만은 않았다.

　1517년, 마르틴 루터는 면죄부를 남발하던 교황청에 반

발하며 비텐베르크대학교 교회 정문에 가톨릭교회의 개혁을 촉구하는 '95개 논제'를 게시했다. 놀랍게도 이 반박문은 사회관계망 서비스도 없던 그 시절 무려 4주 만에 전 유럽으로 퍼져나갔다. 오랜 세월 이어지던 혼돈과 무질서의 시기에 비로소 종교개혁의 불씨가 피어오르기 시작한 것이다. 피렌체와 이탈리아도 크게 다르지 않았다. 혼란스러운 상황을 수습하기 위해 교황청은 더 많은 돈을 필요로 했고, 재정 타개를 위해 계속해서 면죄부를 발행하는 고질적인 악순환이 반복되었다.

교회의 권력이 무너지기 시작한 것은 14세기에 흑사병으로 불리는 페스트가 창궐해 인권에 대한 문제의식이 높아지면서부터다. 가톨릭교회는 흑사병을 신의 징벌로 치부하며 신의 권능으로 병이 나을 수 있다고 주장했다. 그러나 신부마저 흑사병으로 죽는 일이 빈번해지자 사람들은 신의 권능과 교회의 믿음을 의심하기 시작했다.

이뿐만 아니라 이 시기 르네상스 문화 역시 새로운 변화를 맞이했다. 이탈리아를 중심으로 유럽 곳곳에서 인간성 해방을 위한 문화 혁신 운동이 일어났고, 개혁의 움직임은 개성과 합리성, 현세적 욕구를 추구하는 반중세적 정신 운동으로 이어졌다.

흑사병으로 인해 유럽 인구의 3분의 1이 사망하자 영주들은 당혹감을 감추지 못했다. 일할 사람이 부족했기 때문이다. 하인들은 더 이상 영주의 요구에 순응하지 않았다. 이런 분위기가 확산되자 영주들은 일손을 구하기 위해서는 더 많은 임금을 지불해야 했다. 임금이 올라가자 개인의 인권도 높아졌다. 하대하며 사람을 함부로 부리던 시절은 이제 옛말이 되었고, 일손이 필요하면 정중하게 예의를 갖춰 부탁해야 했다. 강력하던 교권 중심에서 점차 인권 중심으로 세상이 변화하고 있었다.

새로운 시대, 새로운 리더

잘 알려져 있지는 않지만 피렌체 사람 중에 아주 중요한 인물이 한 명 더 있다. 바로 항해사이자 탐험가인 아메리고 베스푸치Amerigo Vespucci다. 그는 카리브해 연안과 브라질 해안을 탐험한 뒤 콜럼버스가 발견한 신대륙이 그의 주장처럼 인도가 아니라 다른 대륙이라는 사실을 알게 되었다. 그리고 1503년, 이 사실을 기술한 『신세계*Nuovo Mundo*』라는 제목의 서간용 작은 책자를 출간했다. 이 책은 유럽 모든 나라의 언어로 번역 출간되었다. 그는 이 책에서 신대륙을 '신세계'라고 명명했다. 1507년, 독일의 지도 제작자인 마르틴 발트제뮐러Martin Waldseemüller가 신대륙을 포함한 새로운 지도를 그려 배포했다. 그는 신대륙을 아메리고 베스푸치의 이름을 따 'AMERICA'로 표기했고, 이 명칭은 널리 퍼져 사용되었다.

이탈리아반도의 외부에서는 이렇게 신대륙이 발견되는가 하면, 교권이 약해지는 동시에 인권이 강화되고, 종교개혁이 일어나는 등 역사적으로 기록될 만한 커다란 변화가 일어나고 있었다. 하지만 피렌체를 비롯한 이탈리아 내부는 급변하는 세계 질서와 흐름을 따라가지 못한 채 정적인 상태에 매몰되어 있었다.

마키아벨리가 이런 시대적 배경과 환경 속에서 『군주론』을 집필했다는 사실은 우리에게 시사하는 바가 크다.

그가 이 글을 쓰던 시기는 지금 우리 사회가 직면한 상황과
도 많이 닮았다. 코로나19로 인해 전 세계 국가들이 혼란
에 빠졌고, 십수 년에 걸쳐 일어날 변화가 불과 몇 년 사이
에 일어났다. 게다가 디지털 기술의 급속한 발전으로 세상
은 하룻밤 사이에 또 다른 변화를 맞이한다. 작년만 해도
집을 사야 한다고 난리를 치던 사람들은 이제 집을 사면
큰일난다고 말하며, '영혼까지 끌어 모아' 재테크에 투자한
사람들은 불과 1년 만에 바뀌어버린 시장 흐름에 어떻게
대처해야 할지 몰라 막막해한다. 그야말로 혼돈의 시대인
것이다.

　『군주론』은 이런 혼돈과 무질서의 시대에는 강력한 리
더십으로 나라를 이끌어갈 사람이 필요하고, 또 그 리더십
이 어떻게 발휘되어야 하는지를 구체적으로 제시한다. 이
탈리아가 그런 군주를 앞세워 강력한 통일국가로 거듭나
기를 바라는 마키아벨리의 염원이 고스란히 담긴 것이다.
그런데 앞서 이야기했듯이 군주도, 총리도, 장관도 아닌 일
개 하급 공무원 출신의 마키아벨리에게 과연 어지러운 정
세를 바로잡을 혜안이 있었을까? 마키아벨리는 어떻게 혼

란의 시기와 모진 삶을 견디며 역사에 길이 남을 글을 쓸 수 있었을까? 그것이 바로 우리가 마키아벨리를 통해 배우고자 하는 내용이다.

강력한 리더를 열망하다

마키아벨리는 정말 메디치 가문의 인사를 암살하려고 했을까? 아니라면 그는 왜 누명을 쓰게 되었을까? 마키아벨리는 공화국에서 나고 자랐다. 그의 저서 『로마사 논고』를 보면 그가 공화국을 바람직하게 여겼다는 것을 알 수 있다. 또 하나의 가정은 그가 실제로 암살 음모에 가담했으나 죄를 인정하지 않고 끝까지 버텼을지도 모른다는 것이다. 구체적인 사실 여부는 역사에 기록되어 있지 않으니 추측만 가능할 뿐이다.

한 가지 분명한 것은 그가 공화주의자였다는 사실이다. 공화주의자이긴 하지만 현실적으로 군주가 나라를 다스리고 있으니 이 군주가 통일국가를 만들어주기를 바라는 마음에서 『군주론』을 썼다고 한다. 과연 사실일까? 그렇지 않다.

앞서 이야기했지만 군주에게 바치는 이 글에는 누가 봐도 아부성을 인정할 만한 내용이 많다. 특히 서두에는 자신의 억울한 사정을 헤아려 달라거나 잘 좀 봐달라는 식의 내용이 기술되어 있다. 그러니까 오늘날 대학원생들이 '이 대학원에서 저를 뽑아주시면 이러이러하게 잘해보겠다'라고 쓰는 일종의 학업계획서나 자기소개서와 유사하다.

그런데 잘 생각해보면 대학원의 학업계획서를 반드시 지켜야 하는 것은 아니다. 말 그대로 그것은 계획서일 뿐이고, 1차적인 목적은 대학원에 들어가기 위함이다. 마키아벨리 또한 등용을 염두에 두고 자신이 공화국 지지자로서 훌륭한 군주의 자질에 대해 고민하고 있으며, 최선을 다해 군주의 조력자가 되겠다는 다짐을 내비치기 위해 군주에게 바치는 글을 쓴 것이 아닐까 싶다.

마키아벨리의 이런 면모는 어떤 시각에서는 기회주의자처럼 느껴질 수도 있다. 하지만 그는 기회주의적이라 할지라도 원하는 최상의 결과를 만드는 것이 우선이라고 생각했다. 국가의 유지와 발전을 위해서라면 어떤 수단과 방법도 허용된다는 뜻의 마키아벨리즘Machiavellism은 바로 『군주론』에서 비롯되었다.

하지만 마키아벨리즘이 그의 실제 사상과 온전히 일치하는 것은 아니다. 그러니 '지금 필요하다면 그렇게 해야 한다'는 개념 정도로 이해하는 것이 좋다. 작가에 대한 정보를 많이 가지고 있는 상태에서 글을 대하는 것과 그렇지 않은 상태에서 대하는 것은 크게 다를 수 있기 때문에 작품에 대한 객관성을 유지하기 위해서는 어느 정도 작가와 작품을 분리해 해석할 필요가 있다.

분명한 사실은 마키아벨리가 권력의 최고 정점에서 나라를 좌지우지하며 그 경험을 바탕으로 『군주론』을 집필한 것이 아니라는 점이다. 오히려 권력의 밑에서 보고 겪은 경험에 근거해 문제를 분석하고, 어떻게 개선해야 하는지를 객관적인 시선으로 기술했다. 바로 이런 점이 이 책이 몇백 년을 거치면서 고전계의 슈퍼스타가 될 수 있었던 이유일 것이다.

만약에 마키아벨리가 권력의 최고 위치에서 이 책을 썼

더라면 그 내용은 지금과는 사뭇 달랐을 것이다. 권력자의 관점에서 쓰인 역사는 왜곡될 위험이 있기 때문이다. 객관적인 분석과 평가보다는 자신의 행적과 성과를 정당화하는 데에 집중되어 있다. 국정 운영에 따른 부정적인 평가에 대해서는 반대 진영의 탓으로 돌리는 등 여러 가지 핑계로 자신의 부족함을 합리화하기 마련이다.

물론 최고 권력자가 나랏일의 모든 부분을 빠짐없이 다 꿰뚫고 있거나 능수능란하게 처리해내기는 어렵다. 예를 들어 어떤 사람이 주식으로 100억을 벌었다고 해보자. 그리고 이 사람이 '주식으로 100억 버는 법'에 관한 책을 썼다. 그러자 주식에 조금이라도 관심이 있는 사람들이 너나없이 이 책을 샀다.

그런데 알고 보니 이 책의 저자는 돈을 벌기만 했지 실제로 자신이 직접 주식을 하지는 않았다. 그저 주식시장에 대한 자신의 생각을 글로 옮겼을 뿐이다. 사람들이 이런 사실을 미리 알았다면 그 책을 사서 읽었을까? 아마 대부분이 그 책을 사지 않았을 것이다.

마키아벨리처럼 실무를 통해 데이터 분석에 접근한 사

람이 그렇지 않은 사람보다 훨씬 더 객관적인 틀을 만들어 낼 수 있다. 그의 객관적인 분석과 평가는 리더십에 관한 강력한 이야기를 만들어내며 독자들의 공감을 불러일으켰다. 혼란한 세상을 다스릴 수 있는 강력한 리더를 고대하는 한 사람의 갈망이 우리에게 『군주론』이라는 유산을 남겨준 셈이다.

4장

불행을 견디는 자세

삶의 의미와 가치를 만드는 나만의 루틴

지금까지 살펴본 마키아벨리의 인간적인 면모를 통해 현대를 살아가는 우리가 배울 점은 무엇일까? 바로 불행을 견디는 자세다. 역사를 거슬러 올라가 보면 어느 시대나 환경적으로든 운명적으로든 불행한 시기에 직면할 수밖에 없는 상황이 있었고, 인류는 어떻게든 그 시기를 견뎌냈다. 마키아벨리는 불행을 견디는 방법을 알고 있었다.

불행을 견디는 그의 방법 중 첫 번째는 자신만의 루틴을 만드는 것이다. 마키아벨리가 가장 불행했던 시기는 공화국에서 일하던 중 메디치 가문의 지배하에 암살 모의자로 몰려, 모든 것을 잃고 농장에서 칩거하던 때일 것이다. 대역죄인 취급을 받다가 간신히 풀려난 그는 아무런 희망도 가질 수 없었고, 할 수 있는 것도 없었다. 농장 일을 하고 귀족 자제들을 가르치며 겨우 삶을 이어가던 그는 무너진 마음을 다잡기 위해 하나의 루틴을 만들었다. 그것이 바로 앞서 잠시 언급했던 읽기와 쓰기다. 그는 의관을 정제하고 예의를 갖춰 매일 밤 그리스와 로마의 성현들을 만났다. 책을 읽는 행위를 통해 삶의 의미를 찾은 것이다.

영화 〈캐스트 어웨이〉(2001)를 보신 분들이라면 마키아벨리의 마음을 조금 더 이해할 수 있다. 주인공 척 놀랜드는 배달을 하던 중 비행기가 추락해 홀로 무인도에 남겨진다. 그는 추락할 때 함께 떨어진 상자 속 물품들로 하루하루를 버티며 살아간다. 상자 속에 있던 배구공에 사람 얼굴을 그려 윌슨이라는 이름을 붙여주고 대화를 나누는 장면은 20여 년이 지난 지금도 기억하는 사람들이 많다. 그런데 그는 절박한 상황에서도 나머지 상자 하나를 끝까지 뜯지 않는다. 마지막 배달 상자를 뜯는 순간 삶의 의미가 사라진다고 생각했기 때문이다. 어떻게든 무인도를 탈출해이 마지막 상자를 배달하겠다는 의지는 최악의 상황에서도 그를 버티게 하는 유일한 희망이었다. 결국 주인공은 살아남아 그 마지막 상자를 배달한다. 정말로 살아남아야만하는 이유를 스스로 찾아, 그 희망을 품고 불행의 시간을 견뎌낸 것이다.

사람들은 은퇴를 하거나 어떤 이유로 퇴사를 하면 자신이 더 이상 사회에 필요하지 않은 사람이 되었다고 생각하기도 한다. 많은 사람들이 그런 생각을 갖는 이유는 지금껏 타인의 기준과 선택에 맞춰 사는 데에 익숙해져 있어서다. 하지만 이제는 사회가 요구하는 획일화된 틀과 타인의 시선에서 벗어나 스스로 삶의 의미와 기준을 만들어야한다. 남들에게는 쓸모없는 일처럼 보일지라도 나의 기준으로 내 삶을 개척하고 선택할 수 있어야 한다.

벼랑 끝에 선 마키아벨리의 선택은 책을 읽는 것이었다. 그리고 이를 통해 스스로 삶의 희망을 만들어냈다. 책

속에 담긴 성현들의 지혜와 정치력, 리더십을 두루 분석하고, 값진 정보와 자신의 외교적 경험을 하나로 응집해 군주에게 바치는 글을 써냈다. 하지만 마키아벨리의 이 글은 그 당시에는 높게 평가받지 못했다. 세상의 중심에서 밀려나 피렌체의 한 농장에 칩거하며 쓴 글이, 몇백 년이 지난 뒤 이렇게 많은 이들에게 읽히리라고는 그조차 상상하지 못했을 것이다.

쓸모가 있고 없고는 과연 누가 정하는 것일까? 사회와 타인의 기준이 아니라 바로 나 자신이 정하는 것이다. 나 또한 대학교 때 복학하고 한동안 겉돌던 시기가 있었다. 그러다가 농구에 빠진 적이 있는데, 하루에 12시간 이상씩 할 만큼 거의 농구에 미쳐 있었다. 복학생이 하루 종일 공부하는 데에 시간을 써도 따라잡기 어려운 판에 8개월 넘게 농구에 빠져 있는 나를 보고 선배들의 충고가 쏟아졌다. "야, 너 미친 거 아냐? 너 진짜 왜 그렇게 쓸데없는 일에 시간을 낭비하고 있어? 정신 좀 차려라, 이제!" 그때 나는 선배들의 충고를 그냥 한 귀로 듣고 한 귀로 흘렸다.

그러다가 대학원에 가게 되었고 석사를 마쳤다. 박사과

정에 들어가기 전에 한국어 교사 자격증을 따기 위해 석사 과정 친구들과 한 달 동안 한국어 교사 연수 과정을 이수 했다. 그 당시에는 지금과 달리 한국어 교사가 많지 않았 고, 또 석사 이상만 수료가 가능해서 아주 희귀한 자격증 이었다. 연수 과정을 수료하고 자격증을 취득하자 선배들 이 입을 모아 "이제야 네가 진짜 쓸모 있는 일을 했다. 인생 의 진정한 의미를 찾았어!"라며 칭찬 세례를 퍼부었다.

그 이후 나는 어떻게 되었을까? 내 인생에서 단 한 번도 한국어 교사 자격증을 사용해본 적이 없다. 그러니까 나는 외국인을 상대로 한국어를 가르쳐본 적이 단 한 번도 없다 는 말이다. 남들이 내 인생에서 가장 쓸모 있는 일이라고 칭찬했던 것이 실제로는 내 인생에서 가장 쓸모없는 일이 되어버린 것이다. 반면 선배들이 쓸모없는 일을 하고 있다 고 입을 모았던 농구는 지금 나에게 가장 쓸모 있는 일이 되었다. 연구를 하고, 강의를 하고, 책을 쓰기 위해서는 무 엇보다 체력이 가장 중요하기 때문이다. 많은 일을 하면서 도 지금 나의 체력이 단단하게 버틸 수 있는 것은 모두 농 구를 한 덕분이다.

나의 생각, 일, 선택에서의 모든 가치는 외부에서 부여하는 것이 아니라 나의 루틴을 통해 스스로 만들고 지켜나가는 것이다. 외부에서 규정하는 가치와 어긋나 있을 때 우리는 불행한 상황에 놓일 수 있다. 스스로 나의 가치를 지켜나가면 설령 불행한 상황에 놓여도 얼마든지 극복할 수 있고, 마키아벨리처럼 시대를 뛰어넘는 엄청난 업적을 남길 수도 있다.

하루하루 일희일비하라

보통 우리는 매사에 일희일비一喜一悲하지 말라고 배우고, 또 사회에서도 그런 자세를 강요한다. 하지만 우리의 상식과 다르게 마키아벨리의 불행을 견디는 두 번째 자세는 일희일비하며 사는 것이다.

농장에 틀어박혀 있는 동안 마키아벨리에게는 아무런 희망도 보이지 않았다. 그 상황에서 벗어나고 싶었지만 스스로 할 수 있는 것이 아무것도 없었다. 당장 내일이 어떻게 될지도 모르는 상황에서 5년, 10년, 20년 먼 미래를 계획하고 목표를 세우는 것은 무리였다. 그러나 마키아벨리는 인생이 끝났다고 생각하지 않았다. 그는 매 순간, 하루하루를 충실하게 살아내며 성취를 이어갔다. 사사롭거나 소소한 일들에도 몸과 마음을 다해 느끼고 받아들였으며, 주변의 작은 변화들도 결코 무심하게 흘려보내지 않고 주의깊게 살폈다. 그렇게 살아가다 보면 새로운 비전과 큰 길이 열릴 수도 있다고 생각했기 때문이다.

우리나라 국민 MC로 유명한 유재석 씨도 오래전 일이 잘 풀리지 않던 시절에 하루하루 일희일비하며 충실하게 살았다고 한다. 그는 전 국민이 알아주는 유명한 MC가 된 지금도 꿈이나 비전이 무엇이냐고 물으면 그냥 주어진 일에 감사하며 하루하루 충실하게 살아가는 것이라고 말한다. 물론 큰 비전이 보인다면 그에 따른 장기적인 계획을 세워 하나하나 실천해나가는 것이 바람직하다. 다만 지금 내가 불행한 상황에 놓여 있다면, 그래서 아무런 비전이 보이지 않는다면 일희일비하며 하루하루를 충실하게 살아가는 것도 꽤 괜찮은 방법이다.

고전에 담긴 지혜가 내게로 오는 순간

마키아벨리의 불행을 견디는 세 번째 자세는 독서다. 특히 고전에는 많은 지혜와 해결책이 담겨 있다. 마키아벨리는 자고로 신중한 사람이라면 언제나 위대한 사람들이 걸었던 길을 따르며 탁월했던 사람들을 모방한다고 보았다. 스스로의 역량이 그에 미치지 못하더라도 흉내라도 낼 수 있도록 말이다.

인생의 멘토로 삼을 만한 사람이 있다는 것은 대단한 선물이자 행복이다. 지혜로운 사람과 대화를 나누면 그들의 지혜와 현명함이 내게로 전이된다. 하지만 주변에 멘토가 없다고 해서 실망할 필요는 없다. 우리에게는 읽어야 할 고전들이 산처럼 쌓여 있기 때문이다. 가령 열 권의 책을 읽었다고 해보자. 그러면 열 명의 멘토를 만난 셈이고, 열 명의 지혜와 현명함이 내게로 전이되는 것이다. 이 얼마나 대단한 일인가.

물론 고전 말고도 인생에 도움이 되는 책들은 아주 많다. 온갖 정보를 제공하는 실용서와 삶의 지침이 되는 자기계발서, 인문서 등 스테디셀러에 올라 있는 책들만 해도 그 분야가 아주 다양하다. 요즘은 행운으로 성공한 이들의 책이 베스트셀러가 되기도 한다. 하지만 고전에서는 행운을 다루지 않는다. 그 대신 시대를 꿰뚫는 통찰이 가득하다. 고전을 읽는다는 것은 시대가 검증한 전 세계의 멘토를 만난다는 의미다. 마키아벨리는 자신에게 닥친 불행을 견디기 위해 책 속의 수많은 멘토를 만나며 매일매일 작은 성취를 이루어냈다.

인풋과 아웃풋의 법칙

마키아벨리의 불행을 견디는 세 번째 자세는 인풋input과 아웃풋output이다. 가령 많은 양의 책을 읽거나 방대한 정보가 담긴 동영상을 본다고 해보자. 불행을 견디는 힘을 얻기 위해서는 그 정보들을 응용할 수 있어야 한다. 마키아벨리가 무조건 읽기만 하고 그것을 아웃풋으로 이끌어내지 않았다면 현시대를 살아가는 우리는 마키아벨리가 누군지도 몰랐을 것이다. 그는 매일매일 책을 읽고 그것을 토대로 자신만의 글을 썼다. 그의 이런 노력이 있었기에 몇백 년이 지난 지금에도 우리가 그의 글을 읽을 수 있는 것이다.

물론 모두가 마키아벨리처럼 글을 쓰고 책을 출간해야 하는 것은 아니다. 아웃풋의 형식은 사람마다, 그리고 하는 일에 따라 다를 수 있다. 예를 들어 책 한 권을 읽었다면 내용 중 유독 마음에 와닿았던 글귀를 노트에 옮겨 적어본 다든지, 자신이 이용하는 블로그나 다른 소셜 플랫폼에 업로드할 수도 있다. 그렇게 계속 반복하다 보면 아웃풋이 쌓이고 쌓여 하나의 콘텐츠가 된다.

하루하루 쓰임 없는 생활을 하고 있다는 생각이 든다거나 무료한 생활에서 벗어나 무언가 이루고 싶은 마음이 있다면 이렇게 자신만의 콘텐츠를 건축해가는 것도 변화를 꾀하는 좋은 방법이다. 요즘은 하나의 콘텐츠가 인정받기까지 고전처럼 오랜 시간이 걸리지도 않는다. 한 달 만에 놀라운 성과를 만들 수도 있는 시대다. 비틀즈가 세계적인 그룹으로 명성을 얻기까지 오랜 시간이 걸린 반면, BTS는 불과 몇 년 만에 신화를 만들었다. 그만큼 세상이 달라졌다. 내가 처한 상황이 조금 불행하게 느껴지더라도 해야 할 무언가가 있다면 견딜 수 있다. 견디고 견디다 보면 생각하지 못했던 길이 열리기도 하고, 그 길에 햇살이 쏟아지거나 꽃이 피어나기도 한다.

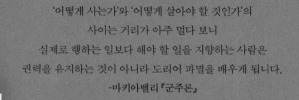

'어떻게 사는가'와 '어떻게 살아야 할 것인가'의
사이는 거리가 아주 멀다 보니
실제로 행하는 일보다 해야 할 일을 지향하는 사람은
권력을 유지하는 것이 아니라 도리어 파멸을 배우게 됩니다.
―마키아벨리 『군주론』

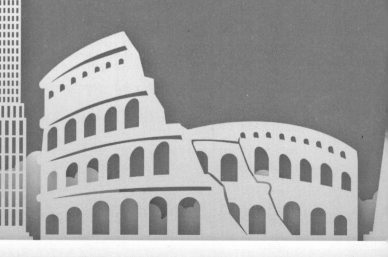

2부

변화된 사회와
새로운 군주론

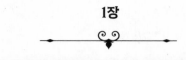

1장

다가온 미래, 운명에 순응하지 말 것

붉은 여왕 효과

2부에서는 『군주론』의 주제와 사회적 의미에 대해 이야기 해보도록 하겠다. '변화된 사회와 새로운 군주론'이라는 2부의 제목처럼 마키아벨리가 가리키는 대상은 새군주국 이었다. 아들이 아버지의 왕권을 물려받는 세습군주국에 서는 큰 변화 없이 나라가 운영된다. 그러나 새로운 세력이 나라를 다스리게 되면 상황은 달라진다. 국가 내외적으로 환경에 엄청난 변화를 몰고 오기 때문이다.

이렇게 격동의 시기에는 그에 부합하는 리더십에 대한 고민이 따를 수밖에 없다. 현대 사회에서도 마찬가지다. 초고속으로 변화하는 환경 속에서는 결국 더욱 혁신적인 것들만이 살아남는다. 옛것은 때때로 무시되고 신선하고 획기적인 생각만을 필요로 하는 상황이 날로 강해지면서 새로움에 대한 요구가 더더욱 강요된다. 기업은 말할 것도 없고, 프리랜서로 일을 하든 창업을 하든 모든 비즈니스와 일상 속에서 개인 역시 끊임없이 경쟁에 시달리며 살아간다. 15세기 무질서하게 여러 갈래로 흩어졌던 이탈리아의 배경과 크게 다르지 않다.

『이상한 나라의 앨리스』라는 동화를 모두 알 것이다. 사실 이 동화는 두 편으로 나뉜다. 한편은 우리가 잘 아는 『이상한 나라의 앨리스』이고, 나머지 하나는 『거울 나라의 앨리스』다. 트럼프의 나라를 배경으로 하는 『이상한 나라의 앨리스』에는 하트 여왕이 등장하고, 체스의 나라를 배경으로 하는 『거울 나라의 앨리스』에는 붉은 여왕이 등장한다.

『이상한 나라의 앨리스』의 속편이라고 할 수 있는『거울 나라의 앨리스』에서 앨리스는 또다시 이상한 나라로 빠져들게 되고, 그곳에서 붉은 여왕을 만난다. 그런데 이 붉은 여왕은 잠시도 쉬지 않고 엄청나게 빠른 속도로 뜀박질을 한다. 배경이 계속해서 움직이다 보니 가만히 있으면 뒤로 밀려나버리기 때문이다. 움직이는 배경에 맞춰 계속해서 걷거나 뛰어야 하고, 그보다 더 앞으로 나아가고 싶다면 두 배는 더 빨리 뛰어야 한다. 경제용어로 이런 현상을 가리켜 '붉은 여왕 효과'라고 한다. 혁신을 이루고자 할 때, 혹은 남들보다 훨씬 앞선 삶을 원한다면 적어도 남들보다 두 배 이상으로 빨리 뛰어야만 가능하다는 것이다.

학창 시절 누구나 한 번쯤은 이런 생각을 해봤을 것이다. 1, 2학년 때는 그냥 설렁설렁 공부하다가 3학년이 되면 그때 본격적으로 '빡세게' 하면 되지 않을까? 그런데 막상 고3이 되고 보면 나만 열심히 하는 것이 아니라 모든 친구들이 다 열심히 한다. 평소 공부와 담을 쌓고 지내던 친구들까지 진짜 열심히 공부하니 내가 뒤늦게 박차를 가한다고 해서 등수가 올라가지는 않는다. 결과적으로 제자리걸

음이 되기 일쑤다. 오히려 뒤로 밀리지 않으면 다행이다.

그러니 내가 혁신을 이루기 위해 빠르게 변화를 꾀한다고 해도 남들과 똑같다면 그것은 혁신이 아니다. 혁신은 남들보다 두 배, 세 배 더 빠르게 달려야만 비로소 가능해진다.

잘라파고스 신드롬

변화에 발맞추지 못해 뒤처진 예로 가장 많이 언급되는 경우가 아마 일본의 '소니'일 것이다. 1980년대 우리나라 젊은 이들이 하나씩 가지고 있던 음향기기 중 하나가 바로 소니의 '워크맨'이다. 기억하는 분들이 많을 텐데, 그 당시 워크맨은 청소년들 사이에서 선물 받고 싶은 목록 1순위였을 정도로 최고의 전성시대를 누렸다. 이뿐만 아니라 TV 하면 최우선으로 손꼽히던 제품도 소니였다. 그랬던 소니가 지금은 플레이스테이션 외에는 팔리는 제품이 거의 없다.

최근 영국 여왕이 서거했을 때 우리나라 삼성전자가 엄청난 조의를 표했는데, 영국 왕실의 가전제품을 삼성전자에서 공급하고 있기 때문이다. 해외에서 판매되는 전자제품의 비중이 일본에 비해 우리나라가 월등히 앞서 있음을 의미한다. 전 세계를 장악하고 있던 일본의 기업이 추락한 사례는 비단 소니에만 국한되지 않는다. 소니를 비롯해 파나소닉 등등 일본의 많은 기업들이 추락했고, 추락의 가장 큰 이유로는 기업만의 경영 철학과 혁신이 없었기 때문으로 해석할 수 있다.

코로나19를 겪으면서 우리는 일본이 얼마나 변화에 둔감한 국가인지 실감할 수 있었다. 단적인 예로 그들은 아직도 팩스를 이용하고, 아날로그로 서류를 작성하며, 카드 대신 현금을 사용한다. 여러 방면에서 디지털화가 이루어져 있지 않았던 것이다. 그로 인해 방역에 혼란이 빚어져 적잖이 애를 먹는다는 기사가 여럿 보도되곤 했다. 어떤 것에 익숙해지면 그 익숙함이 곧 편안함으로 바뀌기 때문에 변화의 필요성을 못 느끼게 된다. 새로운 것을 도입하려면 기존의 익숙함에서 벗어나 새로운 루틴과 방법을 익혀야 하는데, 그러기 위해서는 또다시 시행착오를 거쳐야 하기 때문이다. 그러니 그냥 익숙한 방식을 고수하게 되는 것이다.

이렇게 과거 우위에 있던 일본의 전자시장이 더 발전하지 못하고 자국 내에 머물게 되는 현상에 빗대어 '잘라파고스 신드롬Jalapagos Syndrome'이라는 용어가 생겨났다. 잘라파고스는 'Japen+Galapagos'의 합성어로, 자신들의 표준만 고집함으로써 세계시장에서 고립되는 현상을 뜻하는 '갈라파고스 신드롬Galapagos Syndrome'에서 유래했다.

카메라 필름으로 유명했던 회사 '코닥' 역시 소니의 사례와 다르지 않다. 디지털카메라에 익숙한 요즘 친구들은 필름카메라 자체가 낯설 수도 있을 텐데, 코닥이 필름을 만들었던 회사라는 사실은 더욱 실감하기 어려울 수도 있다. 오히려 코닥을 옷이나 화장품을 만드는 회사로 아는 사람도 있다. 코닥은 필름이 사양길로 접어들자 자신들이 보유하고 있던 화학 기술을 화장품이나 옷을 만드는 데에 사용하게 되었는데, 시대의 흐름에 따라 디지털화하지 못하고 사위어가는 회사를 어떻게든 유지하기 위한 최후의 방편이었던 셈이다.

코닥보다 더 심각한 위기를 맞은 회사는 한때 즉석카

메라의 대명사처럼 불리던 '폴라로이드'다. 코닥이 기업의 존폐 위기에서 화학 처리 기술이라는 동아줄을 부여잡고 어떻게든 버티고 있는 것과 달리 폴라로이드는 버티지 못하고 끝내 정리되었다. 그런데 여기에는 놀라운 사실이 하나 있다. 폴라로이드의 창립자 에드윈 랜드Edwin land가 디지털카메라 기술을 일찍부터 완벽하게 이해하고 있었다는 점이다. 그는 디지털카메라가 상용화되지 않았던 1971년부터 이미 대통령에게 디지털카메라 기술을 군에 사용해야 한다고 자문하기도 했다. 왜 에드윈 랜드는 그 기술을 사업에 적용하지 않았을까?

폴라로이드는 디지털카메라를 만들 수 있는 기술을 충분히 갖추고 있었음에도 상용화하지 않았다. 폴라로이드가 디지털카메라를 상용화한다는 것은 곧 추락을 의미했다. 사실 카메라는 폴라로이드의 주요 판매 상품이 아니었다. 이 회사의 주력이자 매출의 대부분을 차지하는 상품은 카메라 기기가 아니라 바로 소모품인 필름이었다. 그렇다 보니 디지털카메라를 만들어 출시하면 사람들이 더 이상 필름을 사지 않을 것이라고 생각했기 때문이다. 원래 카메라가 주력 상품이었다면 시대에 발맞춰 디지털카메라와 같은 상품들을 만들어 판매할 수 있었을 것이다. 하지만 필름이 주 수익원이다 보니 디지털카메라 쪽으로의 방향 전환은 곧 회사의 내리막을 자초하는 일이라고 판단했다.

하지만 세상 살아가는 모든 일에는 흐름이 있기 마련이다. 둑을 만들어 막는다고 해서 이 흐름을 거스를 수는 없다. 안타깝게도 소니나 코닥, 폴라로이드와 같은 기업들은 시대의 흐름을 외면한 채 익숙한 방식에 안주하는 쪽을 택함으로써 기업이 새롭게 나아가야 할 길을 잃고 말았다. 세상은 점점 더 빠른 속도로 발전하고 사회는 하루가 다르게 변화를 거듭한다. 개인이든, 기업이든, 국가든 급변하는 세상에서 살아남기 위해 어떤 선택을 해야 하는지에 대해서는 사실 대부분의 사람들이 잘 알고 있다. 하지만 모두가 과감히 그 선택을 실행할 용기와 능력을 가지고 있는지는 의문이다.

2장

나만의 역량과 가치관을 창조할 것

행운보다 역량을 키워라

마키아벨리는 『군주론』에서 혼란스러운 사회에 필요한 군주의 자질에 대해 이야기한다. 그가 말하는 군주의 자질은 현대 비즈니스 상황에 적용할 수도 있고, 개인의 삶에도 충분히 적용이 가능하다.

　『군주론』의 내용을 크게 세 가지 주제로 압축해보면, 첫째는 '비르투와 포르투나', 둘째는 '정치와 윤리의 분리',

셋째는 '이미지론'으로 나눌 수 있다.

먼저 비르투와 포르투나에 대해 이야기해보자. 비르투virtu는 이탈리아어로 역량을, 포르투나fortuna는 행운을 의미한다. 과연 인생에서 역량과 행운 중 어느 쪽이 더 중요하다고 생각하는가? '역시 운이 좋은 사람은 이길 수 없어!'라고 말하는 사람들이 있는가 하면, '그래도 실력이 바탕이 되어야 하는 거 아니야?'라고 말하는 사람들도 있다.

현대를 살아가는 우리뿐만 아니라 마키아벨리 역시 행운과 역량에 대해 많은 생각을 했다. 그는 세상일에 구태여 힘을 빼지 않고 그저 행운에 몸을 내맡기더라도 주체적인 의지를 꺾어서는 안 된다고 보았다. 비록 행운이 우리 행위의 전반에 영향을 미치더라도, 또한 행운에 기댈 수밖에 없는 상황에 처하더라도 나머지 절반 정도는 우리의 자유의지가 꺼지지 않도록 남겨두어야 한다는 것이다.

마키아벨리도 행운이 중요하다고는 말한다. 그러나 그가 강조하는 점은 그렇다고 해서 자신의 선택권을 모두 포기할 필요는 없다는 메시지일 것이다.

행운과 자유의지에 대한 마키아벨리의 자세는 역량의

문제와도 연결된다. 오늘날 성공한 사람들의 이야기를 들어보면 거의 90퍼센트가 운이었다고 말한다. 서점에 가보면 주식, 암호화폐, 부동산 등 재테크에 성공한 사람들의 이야기가 담긴 책들이 엄청나게 쏟아져 나와 있다. 그런데 그들이 많은 돈을 벌고 책도 냈던 그때만큼 여전히 돈을 잘 벌고 있을까? 그렇지 않을 가능성이 훨씬 크다.

코로나19가 전 세계를 휩쓴 이후 여러 가지 조건들이 맞물리면서 시중에 유동성이 늘어났다. 뭐를 해도 돈이 되는 분야가 있었다. 시기를 잘 잡아 돈을 번 많은 사람들이 자신만의 성공 비결을 알려주겠다면서 너도나도 책을 출간했다. 그들의 스토리는 몇몇 공통점을 가지고 있다. '흙수저' 출신으로 엄청난 역경 속에 살다가 1,000권의 책을 읽게 되면서, 혹은 한 귀인을 만나게 되면서 주식이나 부동산으로 큰돈을 벌었다는 이야기다. 그리고 그 노하우를 책이나 강연에 모두 담았으니 자신의 책을 사거나 강연을 들으라고 말한다.

하지만 그 비결이 지금도 여전히 통할까? 금리는 오르고 유동성은 떨어진 지금과 같은 경제 상황에 그 비결은 실질적으로 적용되지 못할 가능성이 크다.

성공한 사람들의 이야기를 들어보면 90퍼센트가 운이다. 그리고 자신이 실력이 있다고 말하는 사람들의 이야기 역시 자세히 들어보면 운이 많은 부분을 차지한다. 그렇다면 정말 운이 세상의 전부일까?

마키아벨리는 이탈리아의 정세를 '홍수'에 비유해 역량 계발의 중요성을 꼬집는다. 만약 이탈리아가 독일이나 스페인, 프랑스와 같이 막강한 군사력을 지니고 있었다면 홍수에 무방비로 당하지 않았을 것이며, 어쩌면 홍수 자체가 발생하지 않았을지도 모른다고 말한다. 행운이란 역량이 미치지 않는 곳에서 발생하는 경우가 대부분이기에 행운이 작용하지 않을 때는 그곳이 무참히 무너질 위험이 도사리고 있는 것이다.

다시 말해 삶에서 행운이 아주 큰 힘이 되는 것은 맞다. 하지만 기본적인 역량이 뒷받침될 때 그 행운은 더 고마운 존재가 된다. 설령 행운이 찾아오지 않는다 하더라도 크게 좌절하지 않을 수 있기 때문에 결과적으로는 역량을 갖추는 것이 더 중요하다는 이야기다.

사랑보다 두려움을 선택하라

마키아벨리는 행운과 역량 중 어떤 것을 더 중요하게 생각해야 하는지를 이야기하면서 이를 뒷받침하기 위해 두려움과 사랑에 대한 예를 들어 설명한다. 예컨대 사람은 자신의 의지에 따라 누군가를 사랑하지만, 두려움은 군주가 어떻게 하느가에 달려 있다는 것이다. 그러니 현명한 군주라면 타인의 선택을 기다리지 않고 자신의 선택을 믿어야 한다고 말한다.

이 말은 군주가 국민으로부터 사랑을 받거나 두려움의 대상이 되는 것 중 하나를 선택해야 한다면 사랑보다는 두려움을 택하는 것이 옳다는 이야기다. 비정하다고 생각할 수도 있지만 이 말의 진정한 의미를 헤아려보면 꼭 그렇지만도 않다. 사랑은 일종의 행운과 같아서 상대방의 사랑을 내가 어찌할 수 없으니 그것에 나를 맡기기보다는, 두려운 군주가 되는 것을 감수하면서 자신의 선택을 믿으며 살아야 한다는 뜻이다.

행운은 내가 제어할 수 있는 대상이 아니다. 오면 좋고 아니어도 어쩔 수 없는 것이 행운이다. 하지만 역량은 내가 선택해 쌓아 올릴 수 있는 것, 내가 언제든지 제어할 수 있는 것이다. 마키아벨리는 행운이 찾아오게 하는 방법은 알 수 없어도 역량은 쌓을 수 있다고 말하며 어떻게 역량을 쌓아가야 하는지에 집중한다. 오늘날에도 여전히 많은 사람들이 행운을 좇는다. 그러나 마키아벨리의 말처럼 우리 인생의 반 이상은 역량에 의해 결정된다.

예를 들어 복권이나 도박, 투기 등을 통해 일확천금을 거머쥐려는 태도는 자신의 인생을 완전히 운에 맡기는 행동이다. 하지만 가령 유명한 요리사를 꿈꾸는 사람이 성공을 위해 열심히 연습하고 노력하며 한 단계씩 밟아 나간다면 그것은 운이 아닌 역량에 자신의 인생을 맡기는 것이다. '기회는 준비된 사람에게만 찾아온다'는 말처럼 긴 시간 노력하며 실력을 쌓은 사람에게는 행운이 찾아올 확률도 훨씬 높아진다.

강의 중에 학생들에게 종종 '인생은 주차장의 자리 찾기'라는 말을 하고는 한다. 운전을 하는 사람이라면 누구나 경험해보았을 텐데, 사람들이 많이 몰리는 큰 건물 주차장에 들어가면 자리가 없어서 주차장을 몇 바퀴씩 돌 때가 있다. 어느 때는 30분 넘게 빙빙 돌아도 자리가 생기지 않아 하는 수 없이 주차장을 빠져나가야 하는데, 30분이 지나버리는 바람에 결국 주차비까지 내고 욕을 욕을 하며 주차장에서 나온다.

그런데 운이 좋은 사람의 경우에는 주차장에 들어서자마자 기다렸다는 듯이 차 한 대가 빠져나가 어려움 없이 그 자리에 주차를 한다. 인생은 이렇게 생각지도 않은 상황에서 운이 찾아온다. 그렇다면 결국 주차도 인생도 '될 놈만 되는' 공식이 적용되는 것일까?

그런데 그 주차장 건물에 일행이 기다리고 있어서 어떻게든 그곳에 주차를 해야만 하는 상황이라면 그럴 땐 어떻게 해야 할까? 반복해서 주차장을 돌며 기회를 노릴 수밖에 없다. 그러다 보면 언젠가 나에게도 행운이 찾아올 수 있지 않겠는가.

그러면 '결국 모든 것이 운에 달린 것 아니냐'고 생각할 수도 있다. 하지만 그렇지 않다. 물론 내가 주차장에 들어갔을 때 다른 차가 빠져나가 빈자리가 생기는 행운은 내가 제어할 수 있는 문제가 아니다. 하지만 주차된 차들 중에 시동을 걸고 나갈 준비를 하는 차를 발견하느냐 아니냐는 온전히 내 몫이다.

특히 쇼핑몰 주차장 같은 곳에서는 이런 센스가 절대적으로 필요하다. 쇼핑 카트를 끌고 차 쪽으로 이동하는 사람이나 삑삑 하며 자동차 문 여는 소리가 들리는 곳으로 접근해 주차할 의사를 보이며 대기하는 것이다. 그러면 약간의 기다리는 시간이 걸리더라도 분명히 주차를 할 수 있다. 이렇게 스스로 제어가 가능한 경우는 운이 아니라 나의 역량이 발휘되는 순간이다.

인생도 마찬가지다. 운이 안 따르면 어쩔 수 없는 것 아니냐고 포기해버리면 안 된다. 운이 따라주면 좋겠지만 그렇지 않더라도 내 차를 주차할 수 있는 자리를 찾기 위해 최선을 다해야 한다. 나의 노력에 평소 쌓아놓은 역량이 더해진다면 목적한 바를 조금 더 빨리 이룰 수 있다. 가령 해외 무대에서 성공을 이루고 싶다면 일단 영어 공부를 열심히 해야 하고, 일류 대학에 들어가고 싶다면 수능 시험이나 수시 준비를 철저히 해야 한다.

역량의 발현이 언제 어떤 형태로 찾아올지는 모를 일이다. 그때는 우리가 행운을 만들었다고 이야기할 수도 있지 않을까. 마키아벨리가 『군주론』에서 운과 실력에 대해 하는 이야기도 이와 다르지 않다.

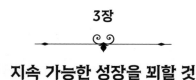

3장

지속 가능한 성장을 꾀할 것

대의를 위한 정치와 윤리의 분리

『군주론』을 관통하는 또 하나의 주제는 '정치와 윤리의 분리'다. 이를 '권력과 통치의 분리'라고 말하는 사람들도 있다. 각 관점에는 동양과 서양의 차이가 존재한다.

　동양의 경우에는 정치와 윤리의 분리가 쉽지 않다. 공자나 맹자는 항상 군주들이 갖춰야 할 '덕德'에 대해 조언했다. 군주가 덕을 갖추고 있으면 애써 인재를 찾거나 부르지 않아도 저절로 사람들이 모인다. 『삼국지』에 등장하는 유비의 경우가 대표적인 예다. 유비는 뛰어난 통치의 기술이나 싸움의 기술을 보여주지 않아도 그가 가지고 있는 덕으로 인해 최고의 리더로 군림했다. 이렇듯 동양에서의 덕은 통치자가 갖춰야 할 최고의 덕목 중 하나였고, 이 덕이 곧 정치이자 윤리를 상징했다.

반면 서양에서는 정치와 윤리의 분리가 가능했다. 미국의 빌 클린턴Bill Clinton 대통령은 재임 당시 백악관 인턴으로 일하던 모니카 르윈스키Monica Lewinsky와 성 스캔들로 물의를 일으켰다. 이 사건은 스캔들을 넘어 사실로 밝혀졌다. 우리나라에서 이런 일이 벌어졌다면 어떻게 되었을까? 우리나라 국민들의 정서로는 분명 탄핵감이었을 것이다. 미국에서도 이로 인한 탄핵 여론이 불거졌지만 하원에서만 탄핵이 결의되고 상원에서는 부결되었다. 빌 클린턴 대통령은 불륜 사실을 시인하면서도 사퇴를 선택하지 않고 결국 대통령으로서의 임기를 모두 채웠다.

동양에서, 특히 우리나라에서는 통치자에게 요구하는 윤리적 잣대가 매우 엄격해서 대통령의 도덕적인 문제가 불거지면 정상적으로 임기를 마치기가 거의 불가능할 것이다. 하지만 서양의 경우에는 통치자가 윤리적이라면 더할 나위 없이 좋겠지만 설령 그렇지 않더라도 통치자로서의 능력을 더 중요하게 생각한다. 실제로 빌 클린턴이 대통령으로 있는 동안 미국의 경제가 호황을 누리기도 했고, 평소 그의 이미지 관리가 뛰어났던 영향도 있다. 결과적으로 그는 무사히 임기를 마쳤다. 심지어 놀랍게도 그는 미국에서 여전히 인기 있는 대통령 중 한 명으로 꼽힌다.

서양에서 두드러지는 정치와 윤리의 분리는 『군주론』에서 시작되었다고 할 수 있다. 마키아벨리는 모름지기 현명한 군주라면 악행으로 오명을 무릅쓰는 일이 있더라도 신경 쓰지 않아야 한다고 말한다. 만약 나라에 도움이 되는 일이라면 그것이 설령 사악한 일이라 할지라도 주저하지 않아야 한다는 것이다. 특히 덕을 중요시하는 동양에서, 군주에게 '필요하다면 악덕을 행해야 한다'고 말하는 것은 있을 수 없는 일이지만, 마키아벨리는 정치와 윤리를 별개로 생각했다.

그는 또한 악행의 평가에 대해서도 입장을 밝혔는데,

만약 군주의 악행이 신민들을 유익한 방향으로 이끌었다면 그것은 악행을 '잘 활용한 경우'라고 보았다. 단 그 선택은 일회적이어야 하며 반드시 바람직한 결과를 내야 한다는 전제하에서만 용인된다.

이것은 일종의 리더로서의 자기 조절 능력으로, 상황에 따라 적절히 잔인성을 내보여야 한다는 의미로 통용되며, 우리가 익히 알고 있는 '마키아벨리즘'의 이미지를 연상시킨다. 마키아벨리즘을 두고 흔히 악마의 생각이라고 말하기도 하는데, 비윤리적이더라도 통치적 과정보다는 결과를 중요시하고, 결과만 좋으면 다 용서될 수 있다는 의미로 받아들이는 이들이 많기 때문이다.

현대의 통치자들 중에 자신의 악행을 정당화하기 위해 마키아벨리즘을 이용하는 경우는 매우 흔하다. 하지만 『군주론』에서 말하는 마키아벨리의 주장은 반드시 악행을 정당화하지만은 않는다. 마키아벨리즘은 악행과 잔인함을 활용하라고 하지만 자신을 위해서가 아니라 반드시 공익을 위해서라는 전제가 깔려 있다.

오늘날에도 어떤 행위가 적법한지에 대해 따질 때 그

행위가 공익에 부합하는지를 우선으로 판단한다. 공익에 부합하면 위법하더라도 용서의 여지가 있지만 사익을 위한 행위였다면 해석이 달라진다.

마키아벨리즘을 잘못 해석해 비윤리적이더라도 돈만 벌면 된다고 생각한다면 큰 오산이다. 마키아벨리가 말하는 '악행과 잔인함까지도 불사하는 공익'이란 나라를 구하는 일이나 신민을 지키는 일이다. 다시 말해 나라와 신민이 위기에 처했을 때만 악행과 잔인함을 활용하라는 개념이다. 예를 들어 기업이 지속 가능한 경영 철학인 'ESG'를 추구하기 위해서라면 그 과정에서 필연적으로 희생이나 손실 등의 무리가 따르는 것을 감수할 수밖에 없는 것과 같은 개념으로 이해하면 된다. ESG는 기업의 비재무적 요소인 환경Environment, 사회Social, 지배구조Governance의 머리글자를 딴 단어로, 기업 활동에 친환경, 사회적 책임 경영, 지배구조 개선 등의 투명 경영을 고려해야만 지속 가능한 발전을 할 수 있다는 철학을 담고 있다.

『군주론』은 한마디로 인간의 본성을 현실적이고 적나라하게 반영한 책이다. 마키아벨리는 이상적이고 부드럽고

온화한 리더십이 아닌 비정하고 냉철한 리더십에 집중했다. 그는 군주로서 자비로움과 비정함 중 선택해야 한다면 비정한 쪽을 선택하라고 말한다.

자비로움은 무엇이든 한껏 베풀어야 하는데 그렇게 하다 보면 국고가 바닥날 수밖에 없다. 국고가 바닥나면 더 많은 세금을 거두어야 하고 군대를 유지하기도 어려워진다. 군대를 유지하지 못하면 국방 유지가 어려워지고, 국방 유지가 어려워지면 결국 국민들이 위험한 상황에 내몰리게 된다. 그렇기 때문에 자비로움을 버리고 대신 국고를 차곡차곡 쌓아 내실을 다져 군사력을 강화하는 것이 곧 나라와 국민을 위하는 길이라고 말한다.

종교와 정치의 분리

마키아벨리가 『군주론』을 통해 유명해질 수 있었던 가장 큰 요소 중 하나는 종교와 정치의 분리를 주장했다는 점이다. 그 당시만 해도 종교가 윤리를 좌지우지하던 때였다. 종교의 교리를 바탕으로 덕과 법의 기준을 세웠기 때문에 윤리를 행하기 위해서는 교황의 말을 따라야 했다. 당연히 교황의 권위는 하늘을 찌를 듯했고 교황의 한마디 한마디가 곧 법이었다. 심지어 국왕이 어떤 결정을 했을 때 교황이 그것이 하나님의 뜻에 어긋난다고 판단하면 국왕의 결정은 그 즉시 정당성을 잃었다. 그만큼 교황의 한마디가 갖는 힘은 실로 대단했다.

윤리가 정치에 어떤 영향을 끼쳤는지 알 수 있는 일화로는 헨리 8세Henry VIII의 이야기가 있다. 헨리 8세는 왕위를 계승할 아들이 없자 기존의 왕비를 쫓아내고 재혼을 해서라도 계승자를 낳고 싶어 했다. 하지만 가톨릭교회가 반대하고 나섰다. 교회의 허락이 없는 한 헨리 8세의 이혼은 불가능한 이야기였다. 종교의 반대가 있으면 한 나라 국왕의 사생활까지 통제받는 세상이었던 것이다.

그러자 헨리 8세는 영국 국교회를 창립해 해법을 찾고자 했다. 아예 새로운 종교를 만듦으로써 종교와 무관하게 이혼과 재혼을 추진할 수 있도록 한 것이다. 이런 시대에 마키아벨리는 종교와 정치의 분리 가능성을 주장했다. 종교와 떼려야 뗄 수 없는 강력한 유착관계였던 윤리를 분리해 종교와 정치의 분리 가능성을 시사한 것이다.

그러나 교황에게 잘 보일 필요가 있었던 마키아벨리는 종교나 교황에게 직접적으로 도전하지는 않았다. 또한 그 당시의 군주들은 정작 『군주론』을 읽지 않았다. 후에 이 글이 출판되어 유럽 전역으로 퍼져나간 이후에야 여러 군주들이 이 책을 읽게 되었고, 마키아벨리가 종교와 정치의 분리를 주장하는 글은 각국의 군주들로 하여금 교황과 절연할 수 있는 충분한 논리를 제공했다. 어떻게 보면 마키아벨리는 살아 있을 때의 운이 그렇게 좋지는 않았다. 오히려 사후에야 그의 글이 빛을 발했는데, 그의 사유나 사상이 시대를 앞서갔기 때문일 수 있다.

명분보다는 실용을 선택하라

마키아벨리의 이 같은 주장을 명분과 실용이라는 의미로 현대 사회에 적용해볼 수 있다. 무릇 군주라면 두려움과 사랑 중 두려움을 선택해야 하는 것처럼, 명분과 실용 역시 두 가지를 다 가질 수 없을 때는 둘 중 실용을 선택해야 한다는 것이다. 물론 명분과 실용 모두 다 가질 수 있다면 그보다 훌륭한 일은 없겠지만 세상일은 그렇지 않은 경우가 훨씬 많다. 그렇기 때문에 명분만 있고 실용이 없는 것보다는, 명분은 없더라도 실용이 있는 쪽을 택하는 것이 현명한 선택이다.

물론 많은 사람들이 명분과 실리 중 하나를 선택해야 하는 상황에서 고민 끝에 명분을 우선으로 생각하는 경우가 있다. 무슨 일을 하든 명분 없이 실용만 좇는다는 것이 자칫 비윤리적이거나 부끄러운 짓을 하더라도 결과만 좋으면 그만이라는 의도로 비칠 수 있기 때문이다. 하지만 마키아벨리는 실용을 선택하는 것이 명분만 있고 실용은 없는 것보다 훨씬 낫다고 이야기한다. 다만 이 실용이 전체적인 목적과 부합해야 한다. 앞뒤 없이 오로지 실용만 있다면 그것은 자신의 이득만을 생각하는 한낱 장사꾼에 불과하기 때문이다.

현대 사회에서 우리가 실용을 우선으로 선택해야 할 때

는 대개 한 가족의 삶을 위해서라거나 혹은 직원들의 생계를 위해서, 더 나아가 국민의 삶과 안녕을 책임지기 위해서다. 이런 대의 앞에서는 다소 명분을 잃더라도 실용을 택해야 더 큰 손실을 막을 수 있다.

4장

전략적으로 이미지를 관리할 것

'잘하는 것'과 '잘하는 것처럼 보이는 것'

마키아벨리의 『군주론』을 관통하는 세 번째 주제는 '이미지론'이다. 마키아벨리는 '잘하는 것'과 '잘하는 것처럼 보이는 것' 중 후자가 더 중요하다고 이야기한다. 이것은 곧 인식의 문제다.

　가령 국민들이 군주가 실제 어떤 일들을 어떻게, 얼마나 잘하고 있는지를 '아는' 것은 크게 중요하지 않다. 그보다는 국민들이 군주가 일을 잘하고 있는 것처럼 '인식'하는 것이 훨씬 더 효과적이라는 이야기다.

라이먼 프랭크 바움의 소설 『오즈의 마법사』는 주인공 도로시가 회오리바람에 휩쓸려 네 명의 마녀가 있는 북쪽, 서쪽, 남쪽, 동쪽의 나라에 떨어진 뒤 다시 집으로 돌아가는 방법을 찾기 위해 오즈의 대마법사를 찾아가는 이야기다. 그런데 대마법사인 줄 알았던 오즈의 마법사는 사실 오마하에서 열기구를 타다가 떠내려온 오스카 조로아스터(줄여서 오즈)라는 사람이었다.

오즈의 마법사는 자신에게 부여된 대마법사라는 '이미지'를 지켜내기 위해 아주 큰 인형도 만들고 조종도 하는 등 많은 것들을 활용한다. 만들어진 이미지이긴 했지만 어쨌든 오즈는 이미지 정치를 통해 나라를 통치했고, 이런 그의 이미지를 두려워한 마녀들은 함부로 공격을 시도하지 못했다. 심지어 오즈의 마법사는 실제로 마법을 배워 진짜 마법사가 된다.

나의 책 『메타버스의 시대』(다산북스, 2021)를 출간하면서 표지에 실을 사진을 찍은 적이 있다. 그때 출판사 쪽에서 전문가처럼 보이는 것이 좋지 않겠느냐며 내게 한 가지 제안을 했다. 가르마를 타 한쪽으로 넘긴 헤어스타일을 하고 사진을 찍으면 어떻겠냐는 것이었다.

사실 나는 그런 헤어스타일을 해본 적도 없고 선호하지도 않았지만 이왕이면 전문가처럼 보이는 것이 좋겠다는 의견에 동의해 머리를 넘기고 사진을 찍었다.

조금 나이가 들어 보인다는 평도 없진 않았지만 결과적으로 전문가처럼 보인다는 평이 많았다. 책의 내용이 중요하지 사진이 뭐가 중요하냐고 생각할 수도 있다. 그러나 지금 같은 현대 시대에 그건 좀 순진한 생각일 수 있다. 누군가를 대할 때 가장 먼저 접하는 것이 그 사람의 이미지이기 때문이다.

군주도 마찬가지다. 모든 사람들이 직접 군주를 만날 수도 없을뿐더러 군주가 어떻게 생각하고 판단하고 결정하는지, 어떤 일을 얼마나 많이 하고 있는지, 그리고 좋은 사람인지 아닌지 등을 파악하기는 더더욱 어렵다. 그렇기 때문에 대부분의 사람들은 이미지를 통해 군주의 면면들을 판단한다.

이미지 관리 좀 한다는 것

'이미지 관리'는 우리가 사회생활을 하면서도 흔하게 사용하는 말이다. 조직 내에 있는 모든 사람들을 상대로 일일이 어필할 수 없으니 이미지 관리를 통해 내가 어떤 사람인지를 보여주고, 동시에 나에 대한 평판을 긍정적으로 만드는 것이다. 이미지 관리는 위선과는 많이 다르다. 이미지 관리는 성공을 위해 혹은 바람직한 사회생활을 위해 필요한 일종의 전략이다.

인터넷이나 소셜 플랫폼에서 아주 유명한 강아지 사진이 있다. 앞발을 가지런히 모은 채 웃는 모습을 한 이 강아지 사진을 보면서 사람들은 절로 기분이 좋아진다. 그냥 웃고 있는 흔한 강아지 사진 아니냐고 생각할 수도 있지만 가치가 무려 45억 정도라고 한다. 이것이 바로 이미지의 힘이다.

비즈니스 세계에서의 이미지는 홍보 수단의 아주 중요한 부분이다. 가령 한 회사에서 아주 획기적인 상품을 출시했다 하더라도 홍보가 뒤따르지 않으면 소비자들은 그

제품의 진가를 알 수가 없다. 사람도 마찬가지다. 인격적으로 아주 훌륭한 사람이라 하더라도 그 사람을 직접 만나거나 겪어보지 않고서는 알 수 없는 노릇이다. 그러니 제품만 좋으면 된다거나 사람만 좋으면 된다는 식의 사고는 조금 순진한 생각일 수 있다.

고전을 읽어야 하는 이유

지금까지 군주론을 관통하는 세 가지 주제를 살펴보았다. 첫 번째로는 '운과 역량 중 무엇에 집중할 것인가'에 대해 알아보았다. 그리고 두 번째로는 대의를 위해 정치와 윤리를 분리함으로써 좀 더 실용적인 측면을 강화할 필요성에 대해 알아보았고, 세 번째로는 인격적으로 훌륭하더라도 이를 널리 알릴 수 있는 이미지 관리의 필요성에 대해 알아보았다.

『군주론』을 읽다 보면 이 글이 쓰인 당대보다 오히려 오늘날과 같은 시대에 더 잘 부합하는 내용이 아닌가 하는 생각이 든다. 그래서인지 지금 읽어보면 더할 나위 없이 훌륭한 내용이지만 그 당시에는 이를 받아들이지 못하는 사람들이 더 많았다. 마키아벨리의 주장에 공감하지 못했던 것이다. 실제로 그 당시 이 책을 통해 실용적인 도움을 받은 군주는 없었다. 하지만 오늘날에는 비즈니스 세계나 정치 세계, 그리고 우리의 일상에서 나 자신을 통제하고 가꾸는 데에 있어서 아주 많은 것을 시사하는 명저로 자리하고 있다. 이것이 바로 고전의 힘일 것이다.

많은 이들이 경험해보았겠지만 고전은 정말 읽을 때마다 그 느낌이 다르다. 같은 책이라도 10대에 읽었을 때의 느낌과 20대 혹은 30대에 읽었을 때의 느낌이 다르고, 나이 50이 넘어서 읽을 때의 느낌은 또 다르다. 어쩌면 그것은 그 책의 내용이 매번 다르게 읽혀서가 아니라 내가 살아온 경험만큼 고전을 달리 이해하기 때문일 것이다. 20대나 30대에는 별 의미 없이 느껴졌던 문장들이 40대에 읽었을 때는 굉장한 의미로 다가오기도 한다. 반대로 30대에는 큰 감동으로 다가왔던 문장이 50대에는 유치하게 느껴질 수도 있다.

그래서 책은 세상을 내다보는 창문이 아니라 나의 경험을 비추어보는 거울에 더 가깝다는 생각을 하게 된다. 같은 책을 읽어도 경험이 많은 사람일수록 효용 또한 높다. 고전을 한 번 읽고 덮어두지 않고 두 번, 세 번 반복해서 읽는 이유도 바로 여기에 있다. 반복해서 읽을 때마다 내 경험의 깊이가 얼마나 달라져 있는지를 확인할 수 있기 때문이다. 그것은 곧 나의 사유가 그만큼 깊어졌다는 것을 의미한다. 사유가 깊어지는 만큼, 사람은 더욱 현명해진다.

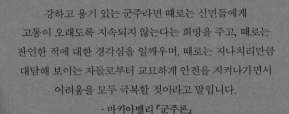

강하고 용기 있는 군주라면 때로는 신민들에게
고통이 오래도록 지속되지 않는다는 희망을 주고, 때로는
잔인한 적에 대한 경각심을 일깨우며, 때로는 지나치리만큼
대담해 보이는 자들로부터 교묘하게 안전을 지켜나가면서
어려움을 모두 극복할 것이라고 말입니다.
- 마키아벨리 『군주론』

3부

군주론에서 배우는
리더의 자질과 조건

1장

새로운 게임엔 왜 새로운 규칙이 필요한가

군주론의 구조부터 파악하기

1부와 2부에서는 『군주론』의 텍스트 외적인 것들, 즉 거시적인 것들에 조금 더 집중했다면 3부와 4부에서는 텍스트 내적인 것들, 즉 미시적인 것들에 대해 이야기해볼 것이다. 먼저 3부에서는 『군주론』을 통해 배울 수 있는 리더의 자질과 조건에 대해 살펴보도록 하겠다.

우리가 살아가는 시대에는 그 규모가 크든 작든 어느

집단에나 리더가 존재한다. 소규모 상점을 운영하거나 직원의 수가 많은 않은 작은 조직의 회사이거나 심지어 가정에서도 리더는 존재한다. 그렇기 때문에 『군주론』을 통해 배우는 리더로서의 자질과 조건은 우리가 살아가는 모든 상황에 적용이 가능하다.

사실 한번 도전해보겠다는 각오로 『군주론』을 사놓고 안 읽은 분들이 꽤 많을 것이다. 단번에 읽어내기가 쉽지 않은 내용인 것은 분명하다. 그러니 먼저 이 책의 구조를 이해할 필요가 있다.

서양 인문학 서적의 구조는 대개 하나의 주장이 있고 그에 대한 논거로서 다양하고 방대한 사례가 등장한다. 그런데 그 사례들이 모두 비슷비슷한 내용을 담고 있다 보니 그것들을 모두 읽어내기가 쉽지 않다. 사실 어떤 업적을 이루는 패턴과 성공하는 요인이 거의 비슷한 맥락에서 작용하기 때문일 것이다.

서양 인문학 서적을 읽을 때는 무조건 처음부터 끝까지 쉼 없이 읽어내려 하기보다는 이 책이 어떤 주장을 하고 있는지 파악한 후 그 주장을 뒷받침하는 한두 개의 사례를 읽고 넘어가는 것도 하나의 방법이다. 그렇게 하면 책을 읽다가 길을 잃을 확률이 훨씬 줄어든다. 모든 챕터를 반드시 순서에 따라 읽을 필요도 없다. 챕터별로 어떤 내용을 담고 있는지 파악한 후 나의 지적 호기심을 자극하는 부분부터 읽어도 무방하다.

『군주론』 역시 가장 큰 뼈대를 먼저 파악하는 것이 전체 내용을 이해하는 데에 훨씬 효율적이다. 사례 하나하나에 얽매이다 보면 정작 책에서 말하고자 하는 중심 내용을 놓칠 수 있다.

이 책은 크게 네 개의 파트로 나누어볼 수 있다. 첫 번째 파트는 '군주국의 유형'이고, 두 번째 파트는 '군대를 어떻게 운용할 것인가?'이며, 세 번째 파트는 '군주의 자질', 그리고 네 번째 파트는 '통치의 기술적인 부분(인재)'이다.

마키아벨리가 첫 번째 파트에서 유형별로 군주국을 설명하는 이유는 군주국의 종류가 매우 다양하기 때문이다. 그는 유형별로 군주국을 소개하는 것에 그치지 않고 각각의 군주국의 형태에 따라 군주가 어떻게 나라를 다스려야 하는지에 대해서도 자세하게 설명한다. 일종의 유형별 리더십을 제시하는 것이다.

마키아벨리는 두 번째 파트에서 군대를 어떻게 운용하는지에 대해 이야기하는데 아이러니하게도 사실 그는 군에 입대한 경험이 없다. 그럼에도 그는 이탈리아가 역사적으로 겪어온 군대의 사례를 통해 어떻게 군대를 운용했을 때 가장 효과적인지를 설명한다.

세 번째 파트에서 그는 비정하리만큼 냉철한 군주의 자질에 대해 이야기하고, 뒤이어 네 번째 파트에서는 그런 자질을 갖춘 군주가 어떻게 나라를 통치해야 하는지에 대한 지극히 기술적인 부분을 설명한다.

다음은 『군주론』의 뼈대가 어떻게 이루어져 있는지를 한눈에 파악할 수 있도록 1장부터 26장까지의 목차를 나열해놓은 것이다.

◆ 01장 군주국의 종류는 얼마나 많으며 어떤 식으로 획득
         하는가
◆ 02장 세습군주국에 대하여
◆ 03장 혼합군주국에 대하여

원래 『군주론』의 목차에는 파트가 나뉘어 있지 않다.

11장과 14장, 19장에 밑줄이 그어져 있는데 이곳은 앞서 설명한 대로 독자들의 이해를 돕기 위해 임의로 파트를 구분해 표시해놓은 것이다. 그러니까 1장부터 11장까지가 군주국을 유형별로 정리해놓은 첫 번째 파트라고 볼 수 있다. 그리고 12장부터 14장까지가 군대를 어떻게 운용할 것인가를 다룬 두 번째 파트이고, 15장부터 19장까지가 군주의 자질에 대해 제시하는 세 번째 파트, 그리고 20장부터 26장까지가 통치의 기술적인 부분을 아우르는 네 번째 파트에 해당한다.

이렇게 전체 뼈대를 이해하고 책을 읽으면 도중에 길을 잃을 염려가 한결 줄어든다. 이런 독서법은 다른 인문학 서적을 읽을 때도 충분히 적용해볼 수 있다.

혁신이 필요하지 않을 때도 있다

『군주론』에서 말하는 군주국의 종류는 모두 여덟 가지로 다음과 같다.

◆ 세습군주군

◆ 혼합군주국

◆ 공화국

◆ 새군주국(자신의 무력과 역량으로)

◆ 새군주국(다른 사람의 무력과 행운으로)

◆ 새군주국(사악함으로)

◆ 시민군주국

◆ 교회군주국

세습군주국은 말 그대로 물려받은 나라를 뜻하고, 혼합군주국은 물려받은 땅에 새롭게 정복한 땅이 더해진 나라이며, 공화국은 시민들이 다스리는 나라를 말한다. 그리고 새군주국은 세 가지로 나뉘는데 첫째는 자신의 무력과 역량으로 새롭게 세운 나라를 뜻하고, 둘째는 다른 사람의 무력과 행운으로 새롭게 세운 나라이며, 셋째는 사악함으로 정복해 새롭게 세운 나라다.

시민군주국은 공화국과 조금 헷갈릴 수 있는데 귀족과 시민과의 균형이 어느 한쪽으로 좀 더 치우친 경우를 말한다. 그리고 교회군주국은 가톨릭교회가 땅을 나누어준 경우다. 마키아벨리는 이 여덟 가지 각각의 군주국을 어떻게 다스려야 하는지에 대해 자세히 설명한다.

먼저 세습군주국은 어떻게 다스려야 할까? 마키아벨리는 세습군주국의 경우 사람들이 변화를 싫어한다는 특징을 가지고 있기 때문에 특별히 나쁜 짓만 하지 않는다면 나라를 다스리는 데에 큰 문제가 없다고 이야기한다. 대부분의 사람들이 구습에 물들어 있기 때문이다. 마키아벨리는 바로 이런 점을 지적한다. 오래 유지된 나라일수록 변화의 필요성을 느끼지 못하다 보니 개혁의 가능성이 점점 희미해진다고 본 것이다.

영국의 경우 전형적인 세습군주국이라고 할 수 있다. 2022년 엘리자베스 여왕이 서거한 뒤 찰스 3세가 왕위를 물려받았다. 그는 불륜 등의 추문으로 인해 호의적인 이미지가 아니었다. 이 때문에 왕실을 폐지해야 하는 것 아니냐는 여론도 있었다. 그럼에도 결국 찰스 3세는 왕위를 물려받았다. 세습군주국은 이렇게 웬만한 정도의 문제로 폐지되는 경우는 거의 없다. 사람들이 급진적인 변화에 익숙하지 않기 때문이다.

세습군주국은 마키아벨리의 주요 관심사가 아니었다. 그는 세습군주군은 그냥 문제를 일으키지 않고 잘 다스리기만 하면 된다고 말한다.

균형을 맞춰 긴장감을 유지하라

혼합군주국은 어떻게 다스려야 할까? 혼합군주국은 기존의 세습군주국에 새롭게 정복한 영토가 추가된 경우다. 예를 들어 이건희 회장이 이병철 회장으로부터 물려받은 삼성이라는 기업에 새롭게 반도체 산업을 추가한 경우라고 이해할 수 있다. 그 당시만 해도 한국에서 반도체 산업이 경쟁력이 없던 때라 모두가 반도체 사업 추진에 부정적인 견해를 가졌지만 지금의 삼성은 반도체에 의해 움직이고 있다고 해도 과언이 아니다.

마키아벨리는 이렇게 원래 가지고 있던 것 외에 새롭게 정복한 영토가 있을 때 군주가 어떻게 해야 하는지에 대한 세 가지 방법을 제시한다.

첫째는 '군주가 그 영토로 가서 거주하는 것'이다. 가령 어떤 식으로든 한 기업이 새로운 사업 분야의 회사를 흡수했다고 해보자. 그러면 이때 대표이사를 파견해 그 회사를 맡길 것이 아니라 오너가 직접 그 회사에 머무르며 경영을 해야 한다는 것이다.

둘째는 '식민 보내기'다. 식민 보내기는 원래의 나라에 거주하던 사람들을 새로운 영토로 보내 살게 하는 것을 말한다. 기존의 나라에 살던 사람들을 새 영토에 가서 살게 함으로써 '자국화'하는 것이다. 본사의 직원들을 새로운 회사에 보내 일을 하게 하는 것과 같은 개념이다.

셋째는 '약한 세력과 강한 세력의 균형을 맞추는 것'이다. 새로운 땅에서도 약한 세력과 강한 세력이 생길 테니 어느 한쪽으로 치우치지 않도록 적절하게 균형을 잡아 긴장 상태를 유지하라는 이야기다.

마키아벨리는 이렇게 두 세력 간의 균형을 맞추기 위해서는 확실하게 권력을 행사해야 한다고 보았다. 예컨대 어느 세력을 상대로 무력을 사용하려면 그들이 복수를 생각하지도 못할 정도로 확실하게 힘을 써야 한다. 어설프게 건드렸다가는 오히려 해가 될 수 있으니 아예 반격할 생각조차 하지 못하도록 완벽하게 제재를 가하라는 이야기다. 비정하리만큼 철저한 마키아벨리즘의 한 부분을 들여다볼 수 있는 대목이다.

그렇다면 공화국은 어떻게 다스려야 할까? 공화국은 말 그대로 시민들이 다스리는 나라이기 때문에 군주가 할 수 있는 선택은 둘 중 하나다. 군주가 직접 평정하거나 아니면 완전한 파멸이다. 공화국이었다가 왕정이 들어서면서 나라가 안정적으로 운영된 사례는 거의 없었다. 그 당시의 피렌체도 마찬가지였다. 공화국이었다가 다시 메디치 가문이 장악했다 하기를 반복했기 때문이다.

무력은 유지하고 사악함은 한 번으로 끝내라

마키아벨리가 『군주론』에서 가장 중요하게 여긴 부분은 바로 새군주국이다. 위에서 잠시 설명했듯이 새군주국은

'자신의 무력과 역량으로 새롭게 세운 나라'와 '다른 사람의 무력과 행운으로 새롭게 세운 나라', 그리고 '사악함으로 정복해 새롭게 세운 나라'로 나뉜다.

첫째, 자신의 무력과 역량으로 새롭게 세운 군주국은 다른 군주국에 비해 나라를 다스리는 일이 비교적 쉽다. 예를 들어 회사를 차리거나 새로운 분야를 개척하는 일은 무척 어렵지만 일단 그 단계를 넘어서면 그것을 유지하는 일은 비교적 쉽다. 왜냐하면 새로운 분야를 개척하거나 새로운 창업에 성공했다는 것은 그만큼 역량이 있다는 것을 뜻하기 때문이다.

마키아벨리는 다만 이때 아주 중요하게 여겨야 할 한 가지가 있는데 그것은 바로 무력을 유지하는 것이라고 말한다. 여기에서 무력은 오늘날에 비유하면 곧 자신의 역량, 자신의 능력으로 해석할 수 있다.

자신의 사업 분야에서 나름의 성공을 이룬 CEO가 있다. 그는 만나는 사람들에게 종종 자신의 성공담을 들려주곤 하는데, 신기하게도 새로운 사업을 추진할 때도 자신이 성공했던 예전 방법을 그대로 적용한다. 문제는 십수 년 전에 성공한 그 방법이 과연 지금의 사업 환경에 부합하겠느냐는 것이다.

그런 면에서 볼 때 이 CEO는 무력을 유지하지 못한 사례라고 볼 수 있다. 과거에는 자신의 역량과 타이밍, 행운 등이 잘 맞아떨어져 성공을 거둘 수 있었지만, 많은 시간이 지난 지금도 그때와 똑같은 방법을 고집한다는 것은 초고속으로 변화하는 환경에서는 그야말로 시대착오적인 판단으로 비칠 수 있다.

비즈니스 사회에서 무력을 유지하지 못한다는 것은 이렇게 자신의 역량과 센스를 유지하지 못한다는 것과 같은 의미다. 시간의 흐름에 따라 끊임없이 사회의 변화를 파악하고 트렌드를 읽어내거나 예측해야 하는데, 이런 부분을 무시한 채 오래전 자신이 했던 방식만을 고집하다 보면 무력이 쇠할 수밖에 없다. 군주든, 사업가든, 개인이든 삶이 지속되는 한 끊임없이 자기계발을 위해 노력하지 않으면 도태되기 마련이다.

'일찍 성공한 것이 가장 큰 독이다'라는 말은 괜한 소리가 아니다. 한번 성공의 맛을 보게 되면 그 달콤함에 빠져 더 이상의 노력을 경주하지 않게 되기 때문이다. 물론 끊임없이 스스로를 자극하며 노력을 게을리하지 않는 사람에게는 이른 성공 역시 득이 되겠지만 많은 사람들이 그렇지 못하다는 것이 문제다.

마키아벨리는 새군주국의 지속적인 통치를 '설득'에 빗대어 표현하며 '설득은 쉬우나 설득한 바를 유지하기는 어렵다'고 말한다. 무력을 통해 정복했으나 그 무력의 힘이 다하면 백성들이 더 이상 따르지 않는다는 말이다. 그러면 어떻게 해야 할까?

백성들을 계속 설득해 그들이 나라에 만족할 수 있게 해야 한다. 만약 신민들이 군주를 더이상 믿지 않는다면 그들이 믿을 수 있도록 일정 부분 강요할 필요까지도 있다고 마키아벨리는 말한다.

강요까지는 아니더라도 우리는 이것을 지속적인 노력에 빗대에 고민해볼 수 있다. 창업을 했다고 해서 사업이 저절로 번창하지 않는 것과 마찬가지다. 사업이 잘되려면 지속적으로 거래처도 확보해야 하고, 꾸준히 아이템도 개발해야 하고, 고객 관리도 해야 하는 등 쉼 없이 노력을 기울여야 하는 상황이 끝도 없이 펼쳐진다. 그렇게 하지 못하면 결국 사업은 마이너스가 반복되면서 더 이상 유지하기가 어렵다. 그렇기 때문에 스스로의 역량을 강화하기 위한 자기계발이 필요하다.

둘째, 다른 사람의 무력과 행운으로 세운 새군주국은 어떻게 다스려야 할까? 체사레 보르자의 경우가 바로 여기에 해당한다. 체사레 보르자는 자신의 아버지가 건설해준 새로운 군주국의 군주가 되었다. 원래 그는 꽤 능력 있는 사람이었으나 마지막에 행운이 좀 따르지 않은 편이었다. 교황이었던 자신의 아버지가 갑자기 사망하자 당연하게도 새로운 교황은 체사레 보르자를 적대시했고, 그에 따른 타격을 그는 온전히 감당해내지 못했다. 마키아벨리는 행운으로 무언가를 이룬 사람은 그것을 끝까지 유지하기 어렵다고 말한다.

그렇다면 셋째, 사악함으로 세운 새군주국은 어떻게 다스려야 할까? 그것은 잔인함을 어떻게 활용했느냐에 따라 판가름날 것이다. 앞서 말했듯이 적절히 악행을 선택하되 짧고 굵게 사용하고 신민에게 유익한 방향을 고려한다는 전제하에 통치 체제를 꾸려가야 하는 것이다.

마키아벨리는 심지어 다음과 같은 표현으로 군주가 어떻게 해야 하는지를 제시한다.

> 모욕을 주어야 한다면 그 맛을 덜 느끼고 기분이 덜 상하도록 한꺼번에 가해져야 하며, 혜택은 그 맛을 더 잘 느끼도록 조금씩 베풀어야 합니다.
>
> 『군주론』, p. 72

이렇게까지 해야 하나 싶은 생각이 들기도 하지만 이것이 곧 마키아벨리의 통치의 기술이다. 현대 사회에서도 이런 상황에 놓이는 경우가 종종 있다.

예를 들어 한 조직의 리더가 조직원들을 상대로 부정적인 피드백을 해야 한다고 해보자. 당연히 말하기가 껄끄러울 것이다. 부정적인 피드백을 듣고 기분 좋을 사람은 없기 때문이다. 그래서 고민 끝에 눈치를 보며 이리저리 말을 돌리게 되는데, 그쯤 되면 조직원들도 이미 눈치를 채기 때문에 괜히 무거운 분위기만 장시간 이어진다. 차라리 하고 싶은 말을 단칼에 전달하는 것이 훨씬 더 효과적이고, 듣는 사람의 기분도 덜 나쁘다. 질질 끌 바에는 아예 안 하는 것이 낫다.

그래서 마키아벨리는 사악함이 나쁜 것이 아니라 그 사악함을 지속적으로 유지하는 것이 나쁘다고 말한다. 대의를 위해 때로는 사악할 필요도 있지만 그것은 한 번이면 족하다는 뜻이다.

귀족보다 시민의 편에 서라

시민군주국은 어떻게 다스려야 할까? 시민군주국은 공화국과 비슷한 것 같지만 귀족과 시민 사이의 균형이 어느 한쪽으로 좀 더 치우친 경우다. 마키아벨리는 군주로서 귀족과 시민 중 어느 한쪽에 힘을 실어주어야 한다면 시민의 편에 서는 것이 바람직하다고 말한다. 그 이유 역시 흥미로운데, 귀족들과 달리 민중을 만족시키는 편이 훨씬 쉽고 효율적이라는 것이다.

군주가 올바르게 행동하는 것만으로도 시민들은 충분히 그 군주를 따르지만, 귀족들은 자신들의 이익을 위해 끊임없이 군주에게 무언가를 요구하기 때문이다. 그렇기 때문에 귀족과 시민 중 어느 한쪽의 편을 들어야 한다면 그것은 마땅히 시민이어야 한다는 것이다.

오늘날과 같은 민주주의 국가에서는 시민이 우선이라는 의식이 강하게 작용하지만 15세기는 전혀 그런 시대가 아니었기에 군주가 시민의 편을 든다고 해서 그것이 시민에게 민주적인 인권을 부여했다는 의미는 아니다. 자신의 이익에만 혈안이 되어 있는 귀족들의 비위를 맞추느니 그에 비해 요구가 단순한 시민을 만족시키는 것이 더 현명한 선택이라는 뜻이다.

마키아벨리는 한편 귀족을 다루는 방법에 대해서도 언급하고 있는데, 이 또한 굉장히 마키아벨리적이라고 할 수 있다. 군주는 언제나 같은 민중과 살아야 하는 반면, 같은 귀족들과 함께할 필요는 없다. 그러니 언제든지 귀족을 임명하거나 해임하고, 그들의 명성을 드높여주거나 여차하면 빼앗을 수 있다고 마키아벨리는 말한다.

이 말은 귀족들이 모두 연합해 군주에게 도전하면 위험할 수 있지만 적은 수의 귀족일 경우에는 군주의 자격으로 얼마든지 처단할 수 있어야 한다는 뜻이다. 귀족의 생사여탈권이 군주에게 있는 셈이다. 이러나 저러나 군주는 시민의 편을 드는 것이 통치에 있어 가장 수월하고 지혜로운 방법이라 할 수 있겠다.

마지막으로 교회군주국은 어떻게 다스려야 할까? 그에 대해 마키아벨리는 "이것은 나의 영역 밖이다. 교황이 잘 다스릴 것이라고 믿는다"라고 이야기한다. 당시 농장에서 일을 하며 하루하루를 버티던 마키아벨리는 교황에게 잘 보일 필요가 있었고, 실제로 그는 지금의 7급 공무원 정도의 직책으로 복직하게 된다. 그래서인지 마키아벨리는 교회군주군에 대해서는 이렇다 할 언급을 하지 않는다.

현대를 살아가는 우리가 군주국의 유형에 따라 군주가 어떻게 통치해야 하는지에 대해 굳이 알 필요가 있겠느냐고 생각할 수도 있다. 하지만 시대가 달라졌다 해도 지금 우리가 살아가는 모습에 대입해보면 얼마든지 적용이 가능하다.

스스로 로열티를 갖게 하라

군주론의 두 번째 파트인 '군대를 어떻게 운용할 것인가'에 대해서도 간략하게나마 짚고 넘어갈 필요가 있다. 사실 이 파트는 현대에 적용하기 어려운 부분이 있다. 실제 우리가 군대를 운용할 것은 아니기 때문에 자세한 군대 조직의 문제라든가, 용병의 문제까지 알 필요는 없어서다. 다만 마키아벨리가 열변을 토하며 언급한 자국 군인 양성에 대해서는 잠시 살펴볼 필요가 있다.

군주론에서는 샤를 8세Charles VIII를 '백묵으로 이탈리아를 정복한 왕'이라고 부르기도 한다. 그 이유는 샤를 8세가 프랑스 군대를 이끌고 이탈리아로 쳐들어왔을 때, 이를 물리쳐야 하는 이탈리아 군인들이 용병으로 구성되어 있다 보니 모두 그냥 도망가버렸기 때문이다. 샤를 8세는 그날 밤 군인들이 묵을 야영지를 백묵으로 표시하는 일만 했다고 한다. 그래서 '백묵으로 이탈리아를 정복한 왕'이라는 별칭이 붙었다. 마키아벨리는 이런 역사를 무척 치욕스러워하며 자국 군대의 군인은 절대 용병을 써서는 안 되며,

반드시 국가에서 군대를 양성해야 한다고 주장한다.

여기서 우리가 배울 점은 바로 로열티loyalty에 관한 것이다. 회사나 조직, 팀을 운영할 때 구성원들의 기술, 지식, 경력 등의 조건보다 훨씬 중요하게 생각해야 할 것은 그들이 조직을 상대로 가지고 있는 정성과 진심, 즉 로열티다. 리더라면 어떻게 구성원들로 하여금 로열티를 가지게 할 것인가를 끊임없이 고민하고 생각해야 한다.

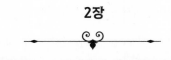

2장

비정하고 현실적인 군주의 자질

이상이 아닌 현실을 직시하라

마키아벨리의 『군주론』 15~19장에 해당하는 세 번째 파트
는 '군주의 자질'에 관한 이야기다. 군주라면 어떠해야 하
는지, 다음의 몇 가지 밸런스 게임을 통해 이야기해보자.

◆ 첫째, 어떻게 사는가 vs 어떻게 살아야 할 것인가

◆ 둘째, 너그러움 vs 인색함

◆ 셋째, 잔인함 vs 자비로움

◆ 넷째, 사랑받는 것 vs 두려움을 받는 것

◆ 다섯째, 신의를 지키는 것 vs 신의를 지키지 않는 것

첫째는 '어떻게 사는가 vs 어떻게 살아야 할 것인가'의 균형이다. 마키아벨리는 삶에 대한 두 태도의 간극이 너무도 멀기 때문에 실제로 '행하는 일'보다 '해야 할 일'을 지향하는 사람은 권력이 아닌 파멸에 이르게 된다고 말한다.

'어떻게 살아야 할 것인가'는 곧 이상과 정의이며, '어떻게 사는가'는 현실 그 자체다. 마키아벨리의 말은 한마디로 현실이 더 중요하다는 뜻이다. 심지어 그는 해야 할 일을 지향하는 사람은 권력을 유지하지 못하고 파멸을 배우게 된다고 말한다. '어떻게 살아야 할 것인가', 즉 이상에 집착해 움직이지 않는 사람보다는, 실질적인 목표를 가지고 행하는 이가 더욱 현명한 군주가 될 수 있다는 뜻이다.

둘째는 '너그러움 vs 인색함'의 균형을 어떻게 맞춰야 하는가이다. 마키아벨리는 이에 대해 "그럼에도 불구하고 당신이 너그럽다는 평판을 받게끔 처신한다면 당신에게

해가 된다는 말씀을 드리고 싶습니다"라고 이야기한다. 마키아벨리는 왜 너그러운 것이 해가 된다고 주장할까? 그의 주장을 뒷받침하는 논리는 이렇다. 그는 너그러움과 호화로움은 같이 갈 수밖에 없다고 말한다. 아무것도 베풀지 않고 칭찬만 쏟아놓는 군주를 사람들은 너그럽다고 여기지 않는다는 것이다. 다시 말해 사람들은 상대방이 단순히 칭찬 한마디 했다고 해서 그를 너그러운 사람이라고 생각하지 않는다. 나를 가엽게 여겨 물리적인 무언가를 베풀 때 비로소 사람들은 그를 너그럽다고 말한다.

지속적으로 무언가를 베풀다 보면 군비 등 다른 곳에 써야 할 돈이 부족해 결과적으로 무력을 유지하기 힘들어진다. 여기서 무력을 유지한다는 것은 곧 역량을 키운다는 의미다. 재정적인 이유로 역량을 키울 수 없게 되면 결국 권력을 빼앗기는 위기에 처할 수밖에 없다. 그래서 마키아벨리는 너그러운 군주가 되기보다는 인색한 군주가 되는 쪽을 택하라고 조언한다.

다만 그는 인색하되 증오를 부르는 상황은 피하라고 말한다. 인색함이 지나쳐 사람들로 하여금 악감정을 갖게 하는 상황은 만들지 말라는 것이다. 그런데 이것이 말처럼 쉽지 않다. 그래서 마키아벨리는 실용적인 대안으로 내가 원래 가지고 있던 것은 아끼고, 전쟁 등을 통해 획득한 전리품은 베풀라고 제안한다. 왜냐하면 군사들이 목숨을 걸고 싸워 획득한 전리품을 군주라는 이유만으로 자기가 차지해버리면 증오를 야기할 수 있기 때문이다. 그래서 군사들이 힘든 싸움 끝에 어렵게 획득한 전리품은 군사들에게 모두 나누어주는 자비를 베풀어야만 뒤끝이 없다. 베풂과 동시에 원래 내가 가지고 있던 것들을 지키면 조금 인색하다는 평은 들어도 증오심을 불러일으키지는 않을 수 있다.

두려움의 대상이 돼라

셋째는 '잔인함 vs 자비로움'의 균형이다. 마키아벨리는 이 둘 중 잔인함을 선택하라고 말한다. 군주가 마냥 자비롭기만 하면 대의를 위해 잔인함이 필요한 순간 그에 따른 결단과 실행을 제대로 발휘하지 못하기 때문이다. 앞서 강조했듯이 이때의 잔인함은 굵고 짧아야 하며, 이후로는 다시 평화로움을 유지해야 한다고 조언한다.

　비즈니스를 하거나 인간관계를 맺다 보면 때로는 매몰차다 싶을 정도로 단호하게 거절하는 사람을 만나는 경우가 있다. 이런 사람을 만나면 '조금만 더 생각해보시면 안 될까요?'라는 말이 입에서 맴돌다가도, 괜히 더 이야기했다가 마음만 다칠 것 같아 그냥 돌아서게 된다. 하지만 결과적으로 보면 이런 사람이 비즈니스에서는 나에게 훨씬 바람직한 영향을 미친다.

　이해가 안 된다면 그 반대의 경우를 생각해보면 된다. "저번에 제안해주신 부분은 팀 내부적으로 회의 중에 있는데요, 반대도 좀 있지만 가능한 잘 되는 쪽으로 한번 힘써볼게요." 이런 말을 들으면 그 담당자가 무척 고맙고 나의 한없는 우군처럼 느껴질 것이다. 그런데 이런 이야기를 두 달째 듣고 있다면 어떨까? 결국 그 사람은 실질적으로 나의 기회비용을 앗아가는 적군인 셈이다. 차라리 안 되는 분위기면 빨리 이야기해주는 것이 비즈니스에서는 더 바람직하다. 재빨리 다른 기회를 찾으면 되기 때문이다. 그런데 답을 주지 않고 질질 끌면 대안을 못 찾은 채 마냥 결정만 기다리며 시간을 낭비하게 된다. 그러다가 끝내 거절이라는 통보를 받고 다른 기회를 찾아야 하는 상황이 되면 이미 타이밍이 늦어져 좋은 비즈니스의 기회를 놓치게 된다.

사회 속에서 살다 보면 나쁜 결정, 비난받을 만한 결정, 부정적인 결정을 할 기회가 적잖이 생길 텐데, 이럴 때는 자비를 베푼다며 우유부단하게 굴다가 결국 서로에게 나쁜 결과를 초래하기보다 단호하게 의사를 표현함으로써 서로의 손실을 최소화하는 것이 바람직하다.

성군과 폭군의 차이라고 말할 수도 있는데, 성군과 폭군은 성공한 임금이냐, 실패한 임금이냐에 따라 달라진다. 역사적으로 성군으로 평가받는 경우는 대개 성공한 임금이다. 그들은 오랜 세월 동안 역사가들의 입에 오르내리면서 성군이라는 수식어가 붙었다. 반면 폭군은 대개 실패한 임금이다. 이들 역시 역사가들에 의해 폭군이라는 수식어가 붙었다. 하지만 시대에 따라 이들에 대한 재조명이 시도되면서 성군인 줄로만 알았던 임금의 전혀 다른 모습이 드러나기도 하고, 폭군인 줄로만 알았던 임금의 뛰어난 업적이나 현명함 등이 새롭게 부각되기도 한다. 그래서 성군과 폭군은 한 끝 차이라고 생각할 수도 있지만 실제로는 결과적으로 성공한 임금인가, 실패한 임금인가에 따라 다르게 평가된다.

넷째는 '사랑받는 것 vs 두려움을 받는 것'의 균형이다. 마키아벨리는 사랑받는 것과 두려움의 대상이 되는 것 모두를 취할 수는 없다며 다음과 같이 덧붙인다.

> 따라서 둘 중 하나가 없어야 한다면 사랑받는 것보다 두려움의 대상이 되는 것이 훨씬 안전합니다. 왜냐하면 사람들은 대체로 감사할 줄 모르고, 변덕스러우며, 위선적인데다, 위험을 피하려 하고, 탐욕스럽게 이익을 얻으려 하기 때문입니다.
>
> 『군주론』, p. 119

위의 내용은 앞서 잠시 언급했던 대목으로 『군주론』 중에서도 아주 유명한 글이다. 우리가 이 글에 공감할 수밖에 없는 이유는 우리의 안타깝고도 비참한 현실을 그대로 반영하기 때문이고, 또 그런 만큼 우리에게 많은 생각을 하게 하는 내용이기 때문일 것이다. 마키아벨리의 말대로라면 누군가를 배신할 때는 나한테 못되게 군 사람보다 나한테 정말 잘해준 사람을 배신하는 것이 더 쉽다. 그렇기 때문에 군주라면 원수는 반드시 갚는다는 이미지를 주어야 하며, 그래야만 군주를 상대로 배신하는 일을 쉽게 저지르지 못한다는 말이다.

앞서도 설명했던 것처럼 마키아벨리는 시민들로부터 사랑받는 것의 선택은 시민들의 몫이라서 내가 어찌할 수 없는 부분이지만, 두려움의 대상이 되는 것은 내 역량으로 얼마든지 가능한 일이므로 내 역량 밖의 일을 좇기보다 내가 제어하고 통제할 수 있는 것에 집중하라고 말한다.

필요하다면 신의를 저버려라

다섯째는 '신의를 지키는 것 vs 신의를 지키지 않는 것'에 대한 균형을 어떻게 맞출 것인가다. 군주라면 신의를 지키는 것이 마땅하지 않느냐고 생각하는 사람들이 대부분일 것이다. 하지만 마키아벨리는 달랐다. 그는 신중한 군주는 신의를 지키더라도 자기에게 불리한 상황이 생기거나 신의를 제공한 이유가 사라졌을 때는 그것을 매몰차게 저버릴 수 있어야 한다고 말한다. 만약 세상 모든 사람들이 착하다면 이런 권고가 바람직하지 않을 수 있다. 그러나 대부분의 사람들 또한 사악해서 신의를 지키지 않을 가능성이 높으니 군주 또한 신의에 매달릴 필요가 없다는 뜻이다.

신의를 지키지 말라니 지나치게 부정적인 조언이 아닌가 싶지만 그렇게만 해석할 일은 아니다. 마키아벨리의 주장은 더 이상 신의를 지키는 것이 불리하거나 신의를 약속한 이유가 사라졌을 때는 신의를 지키지 말라는 뜻이다. 다시 말해 신의를 지켜야 할 때는 응당 그래야 하지만 그럴 이유가 사라졌을 때는 신의를 고집할 필요가 없다는 것이다.

간혹 '자신과의 약속이기 때문에'라는 이유로 유지할 이유가 없는 신의관계에 질질 끌려가는 경우가 있다. 하지만 마키아벨리는 신의 역시 실용적인 차원에서 판단해야지 도덕이나 윤리를 앞세워 판단해서는 안 된다고 말한다.

우리는 믿었던 사람에게 배신당했을 때 그렇지 않은 경

우보다 더 큰 상처를 받는다. 사실 믿지 않으면 상처받을 일도 없다. 가령 비즈니스관계에서 함께 일하다가 신의를 맺게 되는 경우가 있다. 나 역시 종종 대기업과 일할 때가 있는데 그러다 보면 담당자와 친분이 생기기 마련이다. 그렇게 친분이 생기면 서로를 믿게 되고, 그런 믿음이 바탕이 되면 쿵짝이 잘 맞아 더 신이 나서 일하게 된다. 그렇게 빠르게 많은 일들을 처리하다 보면 간혹 계약서 없이 일이 진행될 때도 있다.

그런데 문제는 그 이후다. 계약서 없이 그 담당자를 믿고 일을 진행했는데 어느 날 갑자기 그 친구가 인사 발령이 나서 다른 곳으로 가버리고 그 자리에 새로운 직원이 오게 된 것이다. 문제는 내가 아무리 계약서에 명시되지 않은 많은 작업을 했어도 이 새로운 직원은 그 사실을 알지 못한 채 철저하게 계약서 대로만 진행한다는 것이다. 신의를 지킨 결과가 오히려 나를 불리하게 만들었으니 이런 신의라면 지키지 않는 것이 더 낫다.

마키아벨리의 『군주론』에 대해 이야기하다 보면 나도 모르게 심장이 딱딱해지는 것이 아닌가 싶기도 하다. 그렇더라도 사회에서, 비즈니스 세계에서 많은 사람을 대하며 일할 때는 이런 딱딱한 심장으로 대처해야 하는 상황이 종종 발생한다. 그리고 그것이 오히려 더 합리적으로 일을 할 수 있는 토대가 되어주기도 한다. 물론 가족이나 연인, 친구관계에서는 말랑말랑한 심장을 유지하는 것이 좋겠지만 냉정한 비즈니스 세계에서라면 말랑말랑한 심장만으로는 버텨내기 어렵다.

증오심을 유발하지 말라

지금까지 다섯 가지의 상황을 통해 군주라면 어느 쪽으로 균형을 맞추는 것이 현명한 선택인지에 대해 알아보았다. 그런데 이 다섯 가지의 선택을 실행하다 보면 자칫 적을 만들 수도 있다. 그렇기 때문에 이 다섯 가지 선택을 실행함에 있어서는 공통으로 지켜야 할 중요한 핵심 요소가 있다. 바로 사람들이 나를 상대로 증오심을 갖게 하지 않도록 하는 것이다. 말하자면 내가 선택한 어떤 행동으로 인해 많은 사람이 증오심에 불타 반기를 들고 일어나는 상황을 만들어서는 안 된다는 의미다.

상대가 나에게 증오심을 갖는 상황을 만들지 않으려면 어떻게 해야 할까? 마키아벨리는 이에 대해 두 가지를 조언한다.

◆ 첫째, 다른 사람에게 나쁜 결정 떠넘기기
◆ 둘째, 더 강한 집단의 증오 피하기(신민이 중요)
　　　신민의 재산과 부녀자를 강탈하지 않기

'다른 사람에게 나쁜 결정 떠넘기기'란 예를 들면 이런 것이다. 가령 군주가 새로운 영토를 정복했다고 해보자. 새롭게 정복했으니 여러 면에서 엉망일 수밖에 없다. 그래서 초기에는 반대 세력을 강력하게 처벌하고 범죄자들을 가차 없이 처형하는 식의 공포 정치를 펼치게 된다. 그런데 이때 군주가 직접 손에 피를 묻힐 수는 없으니 새롭게 정복한 영토에 식민 총독 같은 사람을 두어 군주 대신 그의 손으로 집행하도록 하는 것이다. 체사레 보르자도 이와 같은 방식을 사용했다. 누가 봐도 포악하기 이를 데 없어 보이는 자를 임명해 자기 대신 비정한 일들을 집행하도록 한 뒤 나라를 평정했다. 이것이 바로 '다른 사람에게 나쁜 결정 떠넘기기'다.

그런데 여기서 끝이 아니다. 체사레 보르자는 나라를 평정한 뒤 자신이 임명했던 대리인을 처형했다. 궂은일을 모두 그에게 시킨 뒤 그 사람을 처벌함으로써 민중의 환심을 사는 방식이다. 회사에서도 이런 일은 흔하게 일어난다. 대표가 직접 처리하기 곤란한 일들이 있는데 그럴 때는 악역을 도맡을 사람들이 전면에 나서서 일을 처리한다. 예를 들어 대기업의 구조조정이 대표적인 경우다. 이렇게 몇 명에서 몇백 명에 이르는 사람들의 생계가 좌지우지되는 중차대하고도 비정한 일들은 대표가 직접 집행하지 않는다. 이처럼 마키아벨리는 나쁜 결정을 다른 사람에게 떠넘길 수 있다면 떠넘기고 그에 따른 뒷수습은 군주가 직접 처리한다면 시민들에게 좋은 이미지를 심어줄 수 있다고 이야기한다.

증오심을 유발하지 않을 수 있는 또 하나의 방법은 '더 강한 집단의 증오 피하기'다. 단순하게 말해 여러 집단 중 가장 힘이 센 집단은 피하고 약한 집단을 치라는 개념이다. 마키아벨리가 『군주론』을 집필하던 당시 가장 센 집단은 신민이었고, 그래서 그는 민중의 재산과 부녀자는 강탈하지 않아야 한다고 말한다. 그것은 곧 그들의 증오를 건드리는 일이기 때문이다. 그들의 재산과 부녀자를 상대로 무력을 행사하거나 해를 끼치지 않으면 다른 부분에서는 웬만하면 참는다는 것이다. 마키아벨리는 막연히 '국민이 중요하기 때문'이라는 추상적인 개념이 아니라, 실용적인 이유를 바탕으로 어떻게 해야 증오심을 유발하지 않을 수 있는지에 대한 구체적인 방법을 제시한다.

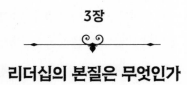

3장

리더십의 본질은 무엇인가

리더십이 있는 것처럼 보여라

마키아벨리가 주장하는 군주의 자질을 통해 우리는 21세기에 필요한 리더십의 본질이 무엇인지를 배울 수 있다.

첫 번째는 '리더십이 있어 보이는 것'의 중요성이다. 실제로 리더십이 '있는 것'과 '있어 보이는 것'은 크게 다르다. 탁월한 리더십을 가지고 있으면서도 없는 것처럼 보이는 사람이 있는가 하면, 리더십이 매우 부족한데도 굉장한 리더십이 있는 것처럼 보이는 사람도 있다. 당연히 실제로 리더십을 가지고 있고 또 그렇게 보이는 경우가 가장 바람직하지만, 마키아벨리는 군주는 리더십의 자질을 가진 것처럼 보이는 것이 우선이라고 이야기한다. 군주의 자질을 모두 가질 수는 없더라도 최소한 그런 것처럼 '보일' 필요가 있다는 것이다.

한 술 더 떠서 그는 이렇게 말한다. 자질을 갖추고 관리하는 것은 어려워도 자질을 갖춘 것처럼 보이는 것은 훨씬 유용하다고 말이다. 실제로 그런 사람이 아니라 할지라도 군주라면 자비롭고 인간적이며 정직하고 경건한 사람처럼 보일 필요가 있지 않겠는가.

이런 주장에 대해 순전히 잘 보이기 위한 허울인 것 아니냐고 반문할 수도 있다. 하지만 실제 어떠한지보다 어떻게 보이는지가 훨씬 중요할 때가 분명 있다. 더군다나 리더의 자리에 있는 경우라면 그 중요성은 더욱 크다.

대학교 시절 MT를 가면 마지막 시간에 빠짐없이 롤링페이퍼를 작성했는데, 아마 많은 분들이 기억할 것이다. 그 롤링페이퍼에 MT에서 함께하는 동안 서로에 대해 느낀 점을 적어주곤 했는데, 기분이 좋아지는 내용도 있지만 더러는 '나를 너무 띄엄띄엄 본 거 아냐?' 하는 생각이 들게 하는 내용도 있었다. 하지만 그 사람이 그렇게 느꼈다면 그것 또한 나의 모습이다.

사회학에서는 이것을 'I'와 'Me'의 차이라고 말한다. 주관적인 나(I)와 객관적인 나(Me)의 차이다. 한 개인은 객관적인 나로만 이루어져 있지 않다. 사회 안에서 관계를 형성하려면 타인이 보는 '나' 역시 내가 보는 '나' 못지않게 중요하다. 더군다나 리더라면 타인이 보는 '나'는 훨씬 더 중요하다. 그래서 보통사람들도 그렇지만 리더는 언제 어디서든 언행을 조심할 필요가 있다. 순간 감정이 욱해져 거침없는 언사를 내뱉거나 할 경우 그로 인한 파장은 일파만파로 커진다. 결혼한 분들이라면 별것 아닌 일로 부부싸움을 하다가 감정이 욱해져 내뱉은 말로 짧게는 일주일, 길게는 한달씩 부부 사이에 냉기가 흘렀던 경험이 있을 것이다. 순간의 화를 참지 못해 내뱉은 한마디 말로 오랜 시간 애를 먹게 되는 것이다.

결과가 수단을 정당화한다

마키아벨리의 『군주론』을 통해 배우는 리더십의 두 번째 본질은 '결과가 수단을 정당화한다'는 것이다. 만약 군주가 나라를 잘 유지하고 있다면 그의 수단은 긍정적으로 평가될 것이라고 그는 말한다. 민중 또한 겉으로 보이는 결과에 마음이 동하게 마련이니 말이다. 결국 의도보다는 결과가 중요하다는 말인데, 이 말은 곧 결과가 좋지 않으면 아무리 그 의도가 좋았어도 부질없다는 뜻이다. 사람들이 결과에 강하게 이끌리는 탓이다.

현대 사회일수록 동기와 과정으로 결과의 옳고 그름을 판단하기란 더더욱 어렵다. 결과 혹은 성과가 수치화되어 내게 물질적인 영향을 끼치는 경우가 많다 보니 결과를 더욱 중요시하게 된다.

결과가 모든 수단을 정당화하지는 않지만 적어도 나의 목적과 선의를 알아주리라 믿는 것 자체가 매우 순진한 생각일 수 있다. 그렇기 때문에 우리는 매 순간 최고의 결과를 만들기 위해 노력할 수밖에 없다.

그렇게 만들어낸 최고의 결과가 다른 사람에게는 곧 선의로 느껴진다. 최고의 결과는 보이지 않는데 선의만 있다고 해서 그것을 알아주는 시대는 아니다. 15세기에도 그랬고 지금은 더더욱 그렇다.

다음은 직장 상사의 유형을 분류해놓은 것이다. 인터넷을 통해 이미 보신 분들도 많을 텐데, 재치와 위트가 넘치면서도 정곡을 찌른다.

직장 상사의 유형 분류

성실성	멍청하다	똑똑하다
부지런하다	**멍부** :멍청한 인간이 부지런하기만 하다	**똑부** :똑똑한 인간이 부지런하기까지 하다
게으르다	**멍게** :멍청한 인간이 게으르기까지 하다	**똑게** :똑똑한 인간이 게으르다
	멍청하다 **능력** 똑똑하다	

출처: https://m.vingle.net/posts/3958463

호사분면

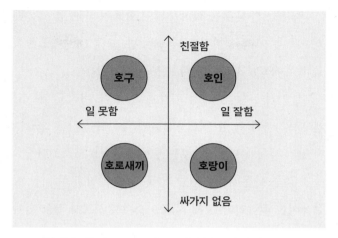

출처: https://post.naver.com/viewer/postView.nhn?volumeNo=
28871892&memberNo=4438733

사람들은 인성적으로 좋은 상사와 능력적으로 좋은 상사 중에 누가 더 낫다고 생각할까? 보통은 똑똑하고 부지런한 사람이 최고라고 생각할 수 있지만 실제 직장생활을 하고 있는 사람들은 똑똑하지만 게으른 '똑게' 상사를 최고로 꼽는다. 이런 상사는 머리가 비상하고 리더십이 뛰어나지만 게으르기 때문에 일일이 참견하지 않고 부하 직원을 믿고 그냥 맡긴다.

'똑부'는 사실 부하 직원이 많이 힘들어 하는 경우다. 똑똑한데 부지런하기까지 하다 보니 밤 10시, 11시에도 전화를 걸어 자료를 보내라고 하는 부류들이다.

네 가지 유형 중 가장 최악은 '멍게'다. 머리도 나쁘고 게으르기까지 한 상사는 무능함의 극치여서 아무것도 하지 않기 때문에 표면적으로는 부서가 평화로워 보인다.

머리는 나쁜데 부지런한 '멍부' 상사 역시 부하 직원 입장에서는 최악이다. 쉬지 않고 이것저것 시도해 일을 벌여놓고는 끊임없이 직원들을 닦달하며 일을 시킨다. 하지만 벌여놓은 일들을 모두 감당해낼 머리가 안 되다 보니 몸이 바빴던 만큼의 결과물을 만들어내지 못해 결과적으로 아무런 성과가 없다.

두 번째 그림은 '호사분면'이라고 해서 능력과 인성에 따라 직장 상사를 분류해놓은 것이다. 일도 잘하고 친절한 상사는 '호인', 일은 잘하지만 '싸가지'가 없는 상사는 '호랑이', 친절하긴 하지만 일은 못하는 상사는 '호구', 일도 못하고 싸가지도 없는 상사는 '호로새끼(호래자식)'로 분류해놓았다. '호사분면' 역시 상사의 능력을 더 높게 평가하는 경향이 강하다.

현대 사회가 요구하는 자질이 능력 위주라면 리더는 어떻게 해야 할까? 당연히 실력을 키워야 한다. 가족들이나 친구들과의 관계에서는 인성이 우선일 수 있지만 사회에서, 특히 비즈니스관계에서는 인성보다는 실력이 우선이다. 애플의 창업자 스티브 잡스가 세상을 떠난 지금도 높게 평가받는 이유는 누구와도 비교할 수 없는 그의 탁월한 능력 덕분이다. 사실 그는 인성이 못되기로 유명하다. 심지어 '인성 쓰레기'로 불리기까지 했을 정도다. 그의 인성과 관련된 일화는 차고 넘친다.

애플의 직원들은 스티브 잡스와 둘이 엘리베이터를 타는 것을 극도로 꺼려했다고 한다. 같이 엘리베이터를 타면 그는 상대방에게 어떤 일을 하는지 물어보고 상대방이 대답을 제대로 하지 못하면 쓸데없는 일을 하고 있는 것 아니냐면서 엘리베이터에서 내리는 순간 그를 해고했을 정도다. 그래서인지 스티브 잡스는 항상 구내식당에서 혼자 밥을 먹었다고 한다. 누구도 그와 함께 밥을 먹고 싶어 하지 않았던 것이다.

스티브 잡스뿐만 아니라 테슬라의 CEO 일론 머스크도 인성이 안 좋기로 유명하다. 어느 날 그는 한 엔지니어에게 업무를 지시하고는 얼마의 시간이 걸리는지 물었다. 엔지니어가 1년 정도의 시간이 필요하다고 하자 일론 머스크는 일주일 내에 끝내라고 요구했다. 엔지니어가 그건 말도 안 된다고 하자 일론 머스크는 엔지니어를 해고했다고 한다. 스티브 잡스도 일론 머스크도 인성이 좋지 않기로 유명하지만 그들은 모두 각자의 분야에서 세계 최고로 꼽히는 인물이 되었다. 그것이 가능한 이유는 인성과 상관없이 그들의 탁월한 실력 덕분이다. 실력이 없다면 누구도 주목받지 못한다.

마키아벨리는 리더의 인성이 쓰레기여도 괜찮다고 말하는 것이 아니다. 훌륭한 리더라면 좋은 인성에 의지해 묻어가기보다 실력을 보여주어야 하고, 그 실력을 바탕으로 성패가 갈린다는 것이다. 더군다나 오늘날은 선의보다 더더욱 실력을 알아주는 세상이기 때문에 자신만의 역량을 키우기 위해 노력해야 한다.

책임의식의 상호작용

마키아벨리가 말하는 리더십의 본질 세 번째는 '책임의식의 상호작용'이다. 책임의식은 주인의식이라고 표현하기도한다. 기업의 대표이자 요리연구가이기도 한 백종원 씨에게 '직원들한테 어떻게 하면 주인의식을 줄 것인가?'에 대해 묻자 그는 단호하게 이렇게 대답했다. "없어요." 주인이아니니까 주인의식이 없는 것이 당연하다는 말이다. 주인이 아닌데 주인의식을 강요하는 것 자체가 말도 안 되기 때문에 주인의식이 없다고 안타까워할 필요도 없고, 그것을강요할 필요도 없다는 뜻이다.

주인의식까지는 아니더라도 일종의 책임의식을 고취시키려면 잘한 만큼 그에 따른 정당한 보상을 해주어야 한다. 이것이 책임의식의 상호작용이다. 똑같은 급여를 받는데 나만 더 열심히 일해야 할 이유는 없기 때문이다. 거의모든 사람들이 주어진 일만 하면 된다고 생각하기 때문에책임의식을 고취시켜 좀 더 열심히 적극적으로 일하는 모습을 보고 싶다면 그에 상응하는 보상을 제공해야 한다.

다만 보상을 제공하되 먼저 주지는 말라는 것이다. 요즘 말로 '먹튀'의 가능성이 있기 때문이다.

중요한 또 하나는 보상의 평가 기준이 공정하고 철저하고 투명해야 한다. 이것은 요즘의 인사 원칙과도 같다. 내가 한 일만큼 받게 될 보상을 예측할 수 있어야 한다. 적절한 보상이 약속되지 않고, 기준 또한 일관성 없이 리더의 기분에 따라 좌지우지된다면 받는 사람은 보상에 대해 예측하기가 어렵다. 그렇게 되면 그나마 가지고 있던 작은 책임의식마저 끌어내리는 결과를 낳는다.

리더십의 네 번째 본질은 '이상적인 비전과 현실적인 보상'이다. 이 둘은 각기 엄청난 결과의 차이를 만든다. 마키아벨리는 이상보다는 현실이 더 중요하다는 이야기를 반복적으로 하고 있다. 리더로서 직원들이나 팀원들에게 비전을 제시하는 것은 매우 중요하다. 하지만 그것은 한두 번이면 족하다. 사람들은 허구한 날 비전만 이야기하는 리더를 한심하게 생각할지도 모른다. 리더의 그런 모습은 실제 해줄 수 있는 것이 없다는 것을 간접적으로 드러내는 것이기도 하다. 그러면 직원들은 결국 그 회사를 떠나게 되고,

팀원들은 더 이상 그 리더를 따르지 않는다. 진정한 리더라면 비전을 현실화하기 위해 구체적으로 어떻게 할 것인지를 분명하게 제시할 수 있어야 한다.

그러기 위해서는 역량을 계발하는 것이 중요하다. 이것이 마키아벨리가 말하는 다섯 번째 리더십의 본질이다. 실제로 코로나19 이후 회식이나 술자리 대신에 자기계발을 하는 직장인들이 늘었다고 한다. 독서 모임에서부터 외국어 습득, 운동, 그리고 제2의 직업을 갖기 위해 다양한 분야의 기술을 배우기도 한다. 요즘 시대에는 잠시만 배우기를 게을리해도 이내 뒤처지고 만다. '붉은 여왕 효과'처럼 남들보다 좀 더 빠르게, 좀 더 오래 달려야 한다.

선택의 열쇠를 쥐고 방향성을 제시하라

마키아벨리가 말하는 리더십의 본질 마지막은 '선택의 열쇠는 언제나 리더가 쥐고 있어야 한다'는 것이다. 이 말은 곧 모든 결과를 운에 맡기지 말라는 뜻이다. 시민들이 어떻게 생각할지를 신경 쓰는 것이 아니라 직접 시민들을 이끌 수 있어야 리더다. 그래서 모든 선택의 열쇠는 항상 리더가 쥐고 있어야 한다. 소통의 기술을 예로 들어 설명하면, '어떻게 해야 할까?'라고 묻는 것이 아니라 '이런 방법과 저런 방법이 있는데, 이 둘 중 어떤 방법이 나을까?'라고 묻는 것이다. 다시 말해 방향성을 제시하면서 의견을 물어야 한다.

대학교에서 한 과목을 7년째 강의하고 있는데, 이 수업에서 나는 한 번도 중간고사를 실시하지 않았다. 내 임의대로 그런 것은 아니고, 첫 시간에 학생들에게 선택권을 준다. 중간고사를 보는 것과 보지 않는 것 중에 어느 쪽을 선택할지 묻는다. 그러면 학생들은 투표를 하고 그 결과에 따라 결정하는데, 예상하듯이 매번 보지 않는 쪽으로 결정이 난다. 중간고사를 보지 않는 쪽을 선택하겠다는 학생이 100퍼센트다. 나중에 학생들은 나를 소통이 잘되는 교수라고 이야기한다. 자신들의 선택을 존중해준다고 생각하기 때문이다. 그러니까 나는 내가 먼저 학생들에게 중간고사를 보지 않겠다고 말하지 않는다. 어차피 학생들은 둘 중 하나를 선택하라고 제안하면 당연히 시험을 보지 않는 쪽을 선택하리라는 것을 뻔히 알고 있기 때문에 일단 선택권을 주는 것처럼 하는 것이다.

이런 사례는 직장에서도 흔하게 일어난다. 가령 점심에 뭘 먹을지 결정할 때 직원들에게 '한식, 중식, 일식 중에 뭘 먹을까?'라고 묻는 상사가 있다. 선택권을 주는 것 같지만 이 제안에는 이미 양식은 제외되어 있다. 그러니까 '나는 파스타, 피자, 스테이크, 햄버거 같은 건 안 먹을 거야!'라는 본인의 의사를 정확하게 전제하는 것이다. 얼핏 상대방에게 선택권을 주는 것 같지만 사실은 방향성을 제시하면서 최종적인 열쇠는 본인이 쥐고 있다. 이것이 바로 리더가 해야 하는 소통의 기술이다.

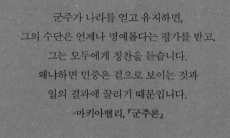

군주가 나라를 얻고 유지하면,
그의 수단은 언제나 명예롭다는 평가를 받고,
그는 모두에게 칭찬을 듣습니다.
왜냐하면 민중은 겉으로 보이는 것과
일의 결과에 끌리기 때문입니다.
-마키아벨리,『군주론』

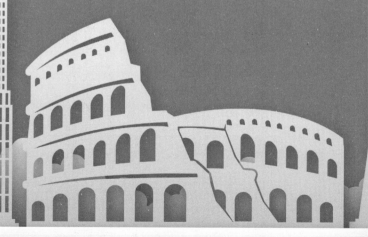

4부

통치의 기술,
모든 것은 사람으로부터

1장

곁에 어떤 사람을 둘 것인가

의심스러운 자가 더 유용하다

15세기에 쓰인 글인데도 『군주론』처럼 현대적인 해석이
가능한 고전도 흔치 않다. 고전의 진정한 가치가 빛을 발하
는 이유도 바로 이 때문일 것이다. 『논어』나 『맹자』 역시
여전히 우리에게 가르침과 깨달음을 주기 때문에 고전으
로서 굳건하게 자리하고 있는 것이지, 그렇지 않다면 이미
사라져버린 수많은 책들 중 하나에 불과했을 것이다.

『군주론』에는 우리가 생각하는 것 이상의 통찰이 담겨 있는데 대부분의 내용은 리더십에 관한 것과 통치의 기술에 관한 것이다. 4부에서 다룰 이야기가 바로 이 통치의 기술이다. 통치는 결국 사람의 문제다. 사람을 어떻게 다루고, 사람의 마음을 어떻게 얻어야 하는지, 어떻게 인재를 채용하고 활용해야 하는지 등이 모두 통치의 기술이다.

『군주론』에서 다루는 첫 번째 통치의 기술은 '신민을 무장시켜야 하는가'와 관련된다. 예를 들어 내가 팀장인데 팀원 한 명이 아주 일을 잘한다고 해보자. 그런데 이 팀원이 일을 너무 잘한 나머지 내 팀장 자리를 위협할 만한 잠재적 경쟁자가 될 수도 있다. 그렇다면 이 팀원을 전폭적으로 지지해 계속 일을 잘하도록 장려해야 할까? 아니면 내 자리를 위협하기 전에 어떻게든 잘라버려야 할까? 팀장 입장에서는 이런 고민을 할 수밖에 없다.

군주 혹은 리더의 자리에 있다 보면 이런 일은 비일비재하다. 군주의 입장에서 신민이 무장을 하지 않는다는 것은 곧 나라의 무력이 없다는 것을 뜻하고, 무력이 없는 나라의 군주는 역량이 부족한 군주가 될 수밖에 없다. 그렇다고 신민을 무장시키면 언젠가 그들의 창이 군주 자신을 겨눌 수도 있으니 군주로서는 신민의 무장 유무가 딜레마가 아닐 수 없다.

신민을 무장시켜야 하는가, 말아야 하는가에 대해 마키아벨리는 '무장을 시키되 혜택을 주어야 한다'고 말한다. 부하직원이 뛰어나게 유능하면 그 사람한테 계속해서 일을 맡겨야 회사가 발전할 수 있듯이, 신민을 무장시켜야만 나라가 발전하고 유지될 수 있다는 이야기다.

마키아벨리는 신민을 무장시키되 다만 이들이 나쁜 생각을 하지 못하도록 지속적으로 혜택을 주라고 말한다. 혜택은 앞서 언급했던 것처럼 공정하고 투명하게 평가하고 그들이 집단에 기여한 만큼 보상해주는 것이다. 부하직원의 능력이 너무 뛰어나 내 자리를 위협할 것 같더라도 일을 잘하는 사람에게는 지속적인 기회를 제공해야 내가 이끄는 조직의 성과가 빛을 발할 수 있다. 나무보다 숲을 보라는 조언으로 해석할 수 있다.

두 번째 통치의 기술은 '의심스러운 사람들이 더 유용할 수 있다'는 것이다. 리더의 자리에 있다 보면 저 사람은 진짜 내 편인 것 같다는 생각이 드는 사람이 있는가 하면, 저 사람은 언젠가는 나에게 창을 겨눌 것 같다는 의심이 드는 사람도 있다. 또 일종의 라인을 타고 내게 충성하는 사람이 있는가 하면, 정반대로 라인 따윈 무시한 채 자기 일만 하는 사람도 있다. 이렇게 다양한 사람들 가운데 어떤 사람을 곁에 두는 것이 내게 더 유리할까?

마키아벨리는 의심스러운 사람들이 더 유용할 수 있다고 조언한다. 이미 자신이 군주와 의형제관계 정도 된다고 믿는 사람들은 굳이 열심히 하지 않아도 된다고 생각한다. 하지만 군주가 자신을 믿지 못한다고 생각하는 사람들은 더 열심히 일하고 충성을 다하기 때문이다. 이들은 군주의 의심을 걷어내고 믿음을 주기 위해 자신이 얼마나 뛰어난 인물인지, 그리고 얼마나 일을 잘하는지 증명해 보이고자 실제로 성과를 만들어내며 충성을 다한다.

세 번째 통치의 기술은 '친근한 사람의 동기를 살펴보라'이다. 나한테 호의를 베풀거나 잘해주는 사람이 있다면 그가 왜 그렇게 행동하는지 생각해보라는 말이다. 내 앞에서 보이는 행동을 온전히 믿지는 말아야 한다. 왜 나한테 접근했는지, 나를 따르는 이유가 무엇인지, 왜 호의적인 지를 따져보고 그 동기가 불순하면 그 사람을 믿어서도 안 되고, 가까이 두어서도 안 된다. 너무 비정하게 느껴질 수 도 있지만 사적인 관계가 아닌 공적인 관계에서는 반드시 필요한 태도다. 그래야만 나라를 위해서든 회사를 위해서 든 조직을 위해서든 훨씬 더 좋은 결과를 만들 수 있다.

로열티가 높은 사람을 뽑아라

마키아벨리는 군주가 해서는 안 되는 가장 나쁜 실수 중 하나가 부적절한 사람을 관리 자리에 앉히는 것이라고 말 한다. 바꿔 말하면 사람을 대충 뽑아 잘 가르치는 것보다 처음부터 좋은 사람을 뽑는 것이 훨씬 이롭다는 이야기다. 실제로 기업에서 직원을 채용할 때 서류 전형에 필기시험, 면접까지 실시하지만 유능한 인재를 가려 뽑는 일이 쉽지 는 않다.

　또 하나는 관리로서의 자질과 역량이다. 가려 뽑는다

고 뽑았는데 관리로서의 로열티가 없다면 그것 또한 채용의 실패다. 로열티는 '임금이나 국가에 대해 진정으로 우러나오는 정성스러운 마음'을 말한다. 다시 말해 자신이 몸담고 있는 회사나 하고 있는 일에 대해 정성을 다하는 마음이 있어야 한다는 것이다.

지속적으로 로열티를 가질 수 있도록 동기부여를 하려면 그에 따른 보상이 있어야 한다. 그리고 보상은 미리 해서는 안 된다. 미리 보상하면 받는 입장에서는 의도하지 않아도 자연스레 '먹튀'가 되기 때문이다. 이런 여러 가지 이유 때문에라도 정당하고 공정하고 투명한 보상 시스템을 구축해놓는 것이 필요하다.

이를테면 코로나19 이후 재택근무를 하는 사람들의 수가 눈에 띄게 늘었는데 재택근무를 하기 위해서는 가장 먼저 갖춰야 할 요소가 원활한 소통을 위한 플랫폼 구축이다. 하지만 그보다 더 중요한 요소는 평가 시스템이다. 제대로 구축된 평가 시스템은 개개인의 업무 역량이나 업무 결과를 평가하기 위해서도 필요하고, 또 승진이나 보상을 위해서도 꼭 갖춰야 한다.

영업 분야처럼 실적을 수치화할 수 있는 부서는 평가가 수월하지만 인사, 회계, 기획 등 그 외의 부서들은 가시적인 결과물로 업무를 평가하기가 쉽지 않다. 그렇기 때문에 더더욱 정교한 평가 시스템을 구축해야 하고, 이런 시스템이 제대로 갖춰진다면 재택근무를 확대하는 것도 얼마든지 가능하다.

이는 근무 태도 관리에도 마찬가지로 적용된다. 가령 아침 9시에 출근해서 밤 10시까지 일하는 직원 A가 있다고 하자. 그리고 11시쯤 출근해서 5시 정도에 퇴근하는 직원 B가 있다. A의 근무시간은 B의 두 배 정도다. 그런데 업무 평가 결과를 보면 B가 A보다 훨씬 점수가 높다. 다시 말해 A는 아침부터 밤까지 저녁 식사비에 야근수당까지 받으면서 거의 12시간 일하지만, 대여섯 시간 일하는 B보다 업무 평가가 훨씬 떨어진다. 당신이 리더라면 둘 중 어느 쪽 직원이 더 맘에 들겠는가.

성과 관리는 기업 경영에 있어서 매우 중요한 요소이지만 근무 태도 관리 시스템이 제대로 구축되어 있는 회사가 많지 않다. 공정한 업무 평가에 대한 아쉬움 또한 늘 존재

해왔다. 그러다가 코로나19로 인해 어쩔 수 없이 재택근무를 시행할 수밖에 없는 상황에 놓이자 정교한 평가 시스템을 구축하는 회사들이 늘어나기 시작했다. 재택근무를 경험한 사람들의 이야기를 종합해보면 업무의 효율성이 훨씬 높아졌다고 한다. 이뿐만 아니라 재택근무는 전체 에너지 절감 차원에서도 실보다 득이 크다. 일단 출퇴근을 안 해도 되기 때문에 그로 인해 발생하는 탄소발자국이 확연히 줄어든다. 이는 요즘 많은 기업들이 추구하고 있는 ESG 경영 철학에도 부합한다. 이런 시스템은 앞으로 더욱 발전하고 변화할 것이다.

현실적인 비전과 명확한 방향성을 제시하라

군주는 이미지가 정말 중요하다. 리더가 탁월하다는 평가를 받으려면 과연 어떻게 해야 할까? 마키아벨리는 군주가 탁월하다는 평가를 받으려면 지속적으로 도전하는 일을 만들어야 한다고 이야기한다. 군주가 하는 일은 목표를 제시하는 것이지만 그럴듯한 비전만 제시해서는 안 된다. 비전과 함께 방향성을 제시하고, 당근과 채찍을 적절히 사용해 끊임없이 구성원들을 독려해야 한다.

탁월한 리더는 항상 다음 단계로 나아가기 위한 도전을 멈추지 않는다. 한 가지 프로젝트를 성공리에 마쳤다고 해서 모든 것이 끝났다고 생각하면 안 된다. 태평성대라고 생각하며 긴장을 푸는 것이 아니라 그다음 단계, 그다음 목표를 제시하는 것이 바로 리더가 해야 하는 일이다. 그런데 리더가 큰 그림을 제시하는 데에는 게으르고 무능하면서 구성원들이 해야 하는 실무만을 담당한다면 회사는 어떻게 될까? 그 회사나 팀은 더 이상 앞으로 나아가지 못한 채 성장을 멈출 것이다.

이런 현상을 흔히 마이크로 매니징Micro Managing이라고 하는데 리더가 팀원들의 세부적인 업무 분야까지 일일이 참견하며 간섭하는 것을 말한다. 별의별 걸 다 간섭하고 지시하며 심지어 보고서의 서체나 맞춤법까지 참견하고 지적하는 경우다. 물론 그런 세세한 부분까지 신경 써서 보고서를 만들면 금상첨화다. 윗사람이 보기에 꽤나 성의 있게 일하는 사람처럼 보일 테니 말이다.

하지만 구성원들이 더 중요하게 생각하는 것은 리더가 현실 가능한 비전을 제시하는가, 그리고 그 비전을 이루기 위한 명확한 방향성을 가지고 있는가 하는 것이다. 그런 것들을 두루 갖추고 있는 리더가 사소한 실무까지 참견한다면 구성원들은 리더의 그런 참견과 간섭을 어느 정도는 이해할 수도 있다.

그런데 정작 리더로서 해야 할 역할은 등한시한 채 사소하고 세부적인 것들에 집착하는 모습을 보인다면 팀원들은 더 이상 이곳에서 배울 것이 없다고 생각하고 회사를 떠나버린다. 구성원들 입장에서 가장 최악의 리더는 바로 이런 마이크로 매니저다.

군주가 탁월하다는 평가를 들으려면 실무적이고 세부적이며 사소한 것들에 에너지를 쏟을 것이 아니라, 지속적으로 비전과 방향성을 제시하는 리더로서의 역할에 충실해야 한다. 거의 모든 구성원들은 '저런 리더라면 내가 믿고 따를 수 있을 것 같다'는 생각을 가질 수 있어야 그 리더를 높게 평가한다.

편을 들려면 한쪽만 공략하라

리더로서 두 편 가운데 한쪽 편을 들어야 한다면 어느 쪽에 서야 할까? 조직의 팀 내에서도 이런 상황은 종종 발생한다. 팀원들이 둘로 분열되어 다툴 때가 있다. 이때 당신이 팀장이라면 어떻게 하겠는가? 보통은 균형을 맞추려고 노력한다. 물론 그럴 수 있다면 당연히 그러는 것이 좋다. 하지만 팀장의 개입으로 맞춰질 수 있는 균형이라면 애초 분열까지 가는 극단적인 상황은 발생하지도 않았을 것이다. 갈등이 심각한 상황까지 갔을 때는 팀장이 개입한다고 해서 쉽게 균형을 되찾기 어렵다.

마키아벨리는 "두 편 가운데 한쪽 편을 들어야 한다면 확실하게 한쪽 편만 들어라"라고 이야기한다. 양쪽을 상대로 어설프게 편을 드는 것처럼 행동했다가 오히려 양쪽 모두로부터 원성을 듣게 된다. 라틴어 속담 중에 '두 의자 사이에 앉으려다 땅바닥에 떨어진다'라는 말이 있다. 양쪽 모두의 마음을 잡으려다 양쪽 모두로부터 미움을 받는 상황이 생길 수 있으니 정확하게 한쪽 편을 들어주라는 뜻이다.

마키아벨리가 분명하게 한쪽의 편을 들어주어야 한다고 주장하는 이유는 그래야만 확실한 자기편을 만들 수 있기 때문이다. 또한 도움을 줄 때는 상대방으로 하여금 도움인지 아닌지 애매하게 느끼게 해서는 안 되며, 오히려 전적으로 지지받고 있다는 생각을 가질 수 있도록 확실하게 도와주어야 한다고 말한다. 그래야만 은혜를 입었다고 생각하고, 반드시 그 은혜를 갚으려고 노력하게 된다.

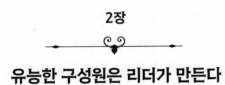

2장

유능한 구성원은 리더가 만든다

진실의 소리를 듣기 위한 네 가지 방법

리더의 자리에 있다 보면 상대방이 아첨꾼인지 충성도가 높은 사람인지를 판단하기 어려울 때가 있다. 어떻게 하면 아첨꾼을 피할 수 있을까? 가령 한물간 연예인이 있다고 하자. 한때는 슈퍼스타로 많은 사람들의 사랑과 환호를 한 몸에 받았지만 이제는 다 옛이야기가 되어버렸다. 그런데 주변의 누구도 그에게 이런 이야기를 해주지 않는다. 여전히 당신이 최고라고 말할 뿐이다. 사람은 누구나 자기객관화가 어렵기 때문에 주변에 이런 아첨꾼이 있다면 당사자 역시 자기가 아직도 인기가 많다고 생각하기 쉽다.

회사에서도 일을 못하는 사람을 상대로 대놓고 그에게 일을 못한다고 말하지 않는다. 더군다나 그 사람이 상사인 경우라면 더더욱 그렇다. 사회관계에서는 자의든 타의든 어쩔 수 없이 진실을 말하기 어려울 때가 있고, 그러다 보면 스스로 아첨꾼이 될 수밖에 없는 경우도 있다. 리더는 이런 점을 염두에 두고 늘 경계하는 자세를 가져야 하는데, 그렇지 않고 곁에 있는 사람들, 특히 아첨꾼의 말에 휘둘리다 보면 십중팔구 잘못된 결과에 직면할 수밖에 없다. 그러면 아첨꾼을 어떻게 피할 것인가? 마키아벨리는 이 질문에 대한 답변으로 다음의 네 가지 방법을 제시한다.

◆ 첫째, 진실을 말해도 불쾌해하지 않을 것
◆ 둘째, 선별된 사람만 조언을 하도록 할 것
◆ 셋째, 자신이 원할 때 조언을 들을 것
◆ 넷째, 조언을 듣되 참고만 할 것

첫 번째는 '진실을 말해도 불쾌해하지 않을 것'이다. 사람이라면 누구나 특히 부정적인 진실 앞에 기분이 좋을 리 없다. 가령 친구들에게 '나 이러이러한 사업 아이템이 있는데 해보면 어떨까?'라고 했을 때 친구들은 대부분 이러저러한 이유를 대며 '안 돼!'라고 이야기한다. 그러면 친구들의 조언을 새겨듣고 그들이 문제 삼는 부분에 대해 좀 더 면밀하게 검토하면서 사업 아이템과 계획을 수정해나가는 것이 맞다.

그런데 부정적인 피드백을 들으면 일단 기분이 나쁘다. '내가 새로운 사업을 해보겠다는데 좋은 이야기 좀 해주면 안 되나?' 하는 서운한 생각이 들어 자기도 모르게 화를 낸다. 그러면 친구들은 다음부터는 그에게 부정적인 조언은 일체 하지 않게 된다. 솔직하게 말하기보다 그냥 '좋네, 잘 될 것 같아!'라며 건성으로 대답한다. 그렇게 되면 결과적으로 내 사업에 아무런 도움이 되지 않는다. 리더의 경우라면 더더욱 그렇다. 무언가를 결정할 때 구성원들의 진심 어린 충고나 조언을 불쾌하게 생각하지 말고 일단 모두 수용하는 태도가 필요하다.

그런데 어느 조직이나 리더의 자리에 앉으면 누구의 말도 듣지 않으려는 경향이 강해진다. 대체로 듣는 척만 한다. 아랫사람이 쓴소리라도 하면 대놓고 불편해하는 리더들이 많다. 그런 리더와 함께하고 있다면 결별하는 편이 낫다. 잘못된 리더를 따라가면 함께 망한다.

내 수업을 듣는 여학생들 중에 중소기업에 입사 지원을 하고 면접을 보러 가는 경우가 있는데, 면접 중에 있었던 당황스러운 경험을 토로할 때가 있다. 결혼하면 직장은 어떻게 할 것이냐는 식의 성차별적 질문을 한다는 것이다. 나는 학생들에게 그런 회사는 아예 입사하지 않는 것이 낫다고 단호하게 말한다. 설령 합격해서 그 회사에 다니게 된다고 해도 그런 마인드를 가진 리더라면 몇 달 안에 사달이 생겨 그만둘 수밖에 없을 테니 귀중한 시간을 그렇게 낭비할 필요 없다고 말해주는 것이다.

자신의 그릇된 행동에 대해 누군가 쓴소리를 했을 때 이를 받아들이지는 않는 리더는 따를 필요가 없다. 처음 잠깐은 대수롭지 않게 보일 수도 있겠지만 결코 길게 가지 못한다. 직장생활을 3년, 4년 하고 말 것은 아니니 길게 보고 판단하고 선택해야 한다.

　그런데 주변의 모든 사람들이 너나없이 부정적인 진실만을 말한다면 기분이 나쁜 차원을 넘어 힘이 빠져 아무 일도 할 수 없게 된다. 그야말로 '멘붕' 상태가 되는 것이다. 그래서 마키아벨리가 제시하는 아첨꾼을 피하는 두 번째 방법이 바로 '선별된 사람만 조언을 하도록 할 것'이다. 주변에 있는 모든 사람들이 아니라 내가 선별한 사람만 조언을 하도록 하는 것이 좋다. 선택할 조언자는 당연히 아첨꾼이 아니라 똑똑하고 현명하고 지혜로우며 객관적인 시선을 유지할 수 있는 자여야 한다.

　세 번째는 그 조언자들이 아무 때나 조언을 하게 하는 것이 아니라 '자신이 원할 때 조언을 하도록 하는 것'이다. 군주가 이야기를 하고 있는데 아무 때나 끼어들어 자신의 의견을 이야기하도록 하는 것이 아니라, 군주로서의 권위가 설 수 있도록 군주가 '이렇게 하려고 하는데 당신의 생각은 어떤가?'라는 식으로 물을 때만 조언을 하도록 하는 것이다.

　일상에서도 우리가 어떤 일을 하고 있을 때 물어보지

도 않았는데 자꾸만 누군가가 이럴 때는 이렇게 해야 하고, 저럴 때는 저렇게 해야 한다고 말하면 우리는 이것을 조언이 아니라 참견이자 잔소리라고 받아들인다. 게다가 그 사람이 나이가 많으면 우리는 그를 바로 '꼰대'로 취급한다. 그러니까 물어보지도 않았는데 조언을 하면 '꼰대'고, 물어보았을 때 조언을 해주면 '멘토'다. 진정한 멘토는 누군가 조언을 구했을 때 최선을 다해 자신이 알고 있는 것들을 나누어주는 사람이다.

마키아벨리가 제시하는 네 번째 방법은 '조언을 듣기는 하되 참고만 할 것'이다. 아무리 객관성을 유지하는 사람이라 해도 누가 되었건 조언자는 아주 적게라도 결국 자신의 이익에 따라 조언을 하기 때문이라는 것이다. 그렇다고 해서 조언자가 하는 말이 모두 헛되다는 의미가 아니다. 결국 판단과 결정은 리더의 몫인 만큼 조언자가 하는 말의 내용을 자신의 판단과 결정에 참고만 하라는 이야기다.

마키아벨리가 알려주는 이 네 가지 방법을 적극 참고하면 최소한 아첨꾼을 가려낼 수는 있을 것이다. 다만 이런 방법을 알고 있어도 이를 실제 상황에 적극적으로 반영하려면 기본적으로 내가 가지고 있는 역량과 혜안이 높고 깊어야 한다. 리더로서 지속적인 자기계발을 게을리하지 않아야 하는 이유도 이 때문이다. 그래야만 어떤 상황에서든 통찰력의 리더십이 발휘되어 역량 있는 리더로서의 역할을 다할 수 있을 것이다.

내가 유능해야 구성원도 유능하다

『군주론』의 인재 운용법을 정리해보면 다음과 같다.

- ◆ 첫째, 재능 있는 자들을 환대하라.
- ◆ 둘째, 팀원들에 대한 보상은 확실하게 하라.
- ◆ 셋째, 소통하되 무조건적이지는 않게 하라.
- ◆ 넷째, 독서를 통해 통찰력을 키워라.
- ◆ 다섯째, 리더와 구성원 모두 역량을 계발하라.

먼저 재능 있는 자들을 환대해야 한다. 능력이 출중한

팀원이라면 그에 따른 보상도 공정하고 투명하고 확실하게 해야 한다. 그리고 소통은 필수다. 다만 무조건적인 소통이 아니라 가려가면서 해야 한다.

그렇게 하기 위해서는 독서를 통해 자신만의 통찰력을 키워야 한다. 독서는 나의 경험을 바탕으로 책 안에 담긴 의미를 찾아내는 작업이다. 경험이 부족하면 아무리 좋은 내용을 담고 있는 책이라도 내 머리와 가슴에 들어오지 않는다. 똑같은 내용의 책이라도 경험이 쌓이면 쌓일수록 더 많은 이야기들이 눈에 들어오고, 더 많이 공감하게 되며, 더 많이 내 것으로 만들 수 있다. 소통을 잘하려면 현명해져야 하고, 현명해지려면 책을 많이 읽어야 하고, 책을 많이 읽으면 나의 경험과 생각이 한데 어우러져 깊이 있는 통찰을 얻게 된다.

독서가 힘들다면 유튜브라도 보기를 권한다. 유튜브에도 인문학적 소양을 키울 수 있는 양질의 콘텐츠들이 많다. 처음부터 너무 어려운 책에 도전하면 책을 읽는 것 자체가 힘들 수 있다. 예를 들어 같은 『군주론』이라도 조금 어렵게 해석한 책이 있는가 하면, 조금 쉽게 접근할 수 있도록 해석한 책도 있다. 자신의 수준에 맞는 책을 고르는 것도 독서를 잘할 수 있는 하나의 방법이다.

서점에 가면 벽돌처럼 두꺼운 양장본의 책에 눈길을 빼앗기는 분들이 있다. 장식용으로는 어떨지 모르겠으나 아직 책읽기가 익숙하지 않거나 훈련이 되어 있지 않은 경우라면 그 책을 읽겠다고 구매하는 것은 적극 말리고 싶다. 좋은 내용의 책을 고르는 것 못지않게 중요한 것이 내 수준과 나의 독서 능력에 맞는 책을 고르는 것이다. 그런 다음 천천히 책 읽는 습관을 들이는 것이 좋다. 그렇게 해서 점차 책을 읽어내는 능력과 시간이 쌓여가면 그때는 좀 더 두껍고 깊이 있는 책에 도전해보는 것도 괜찮다.

자기계발서에만 삶의 노하우가 들어 있는 것은 아니다. 소설이나 고전에서도 내 삶에 적용할 수 있는 지침들을 얼마든지 찾아낼 수 있다. 그 문장들 속에는 몇백 년을 이어온 스승이자 멘토의 정신이 살아 숨 쉬고 있기 때문이다. 고전이든 자기계발서든 인문학 서적이든 그 안에 담긴 깊은 성찰과 가르침을 내 것으로 만드는 작은 노력들이 쌓이고 쌓이면 어느 순간 나만의 통찰을 마련할 수 있다. 그리고 그 통찰은 내 삶에서 일어나는 선택과 집중의 중요한 순간마다 큰 힘을 발휘하게 될 것이다.

종종 역량이 행운을 이긴다

리더뿐 아니라 구성원 모두 역량을 계발하는 노력이 필요하다. 자기계발을 효과적으로 하기 위해서는 추상적이지 않은 명확한 비전을 세워야 긍정적인 결과를 얻을 수 있다. 근 3~4년 동안은 재테크의 시대였다고 해도 과언이 아니다. 그래서인지 그와 관련한 책이나 유튜브를 보며 공부하는 분들이 아주 많았다.

　이런 현상이 나타난 이유 중 하나는 목표가 구체적인 사람들이 많았기 때문이다. 가령 '10억 벌고 파이어족 되기', '10억 벌고 은퇴하기', '부동산으로 재산 다섯 배 불리기' 등등 목표가 명확하고 구체적이다 보니 자발적이고 적극적으로 관련 도서나 유튜브를 보며 공부하고 정보를 습득하는 것이 가능했다. 그런데 목표를 막연하게 '부자 되기'

라고 한다면 그런 적극성을 갖기는 어렵다. 어디서부터 어떻게 해야 할지 막연하기 때문이다.

사실 재테크는 능력보다는 운에 좌우되는 부분이 크다. 그런 면에서 재테크의 시대는 당분간 끝났다고 볼 수 있다. 금리가 올라가면 거시경제는 하향세가 된다. 뭘 해도 잘 안 되는 때라는 이야기다. 이렇게 경제가 전반적으로 하향 곡선을 그릴 때는 우리 개개인의 능력을 향상시키는 데에 집중하는 것이 훨씬 더 중요한 '계발'이다. 그리고 그 계발은 구체적인 목표를 정하고 시작해야 훨씬 더 효과적이다. 다이어트를 예로 들어보자. 그냥 막연하게 다이어트를 하겠다고 다짐한 경우에는 대부분 실패로 끝난다. 반면 '한 달 뒤에 보디 프로필을 찍겠다'고 구체적인 목표를 세우고 시작하면 다이어트에 성공할 확률이 훨씬 높아진다.

지금 이 책을 읽으면서 나도 한번 『군주론』을 정독하겠다고 마음먹는 분들이 있을 것이다. 의욕만 앞세우기보다는 한 달이면 한 달, 두 달이면 두 달 이렇게 기한을 정해놓은 뒤 어떤 부분에 초점을 맞춰 읽을 것인지 구체적인 계획을 세워 도전하는 것이 포기하지 않고 끝까지 책을 완독할 수 있는 방법이다. 그렇게 성공하고 나면 그다음 단계로 나아갈 수 있다. 이런 방법으로 책을 읽고 나면 자신의 가치를 키울 수 있는 루트를 찾게 된다. 자기계발에 있어서는 무엇을 하든 구체적이고 명확한 비전을 가지고 시작하는 것이 매우 중요하다.

『군주론』에서는 이런 방법들을 '스스로 제어할 수 있는 것을 하라'는 개념으로 이야기한다. 주식이나 코인, 부동산과 같은 재테크는 능력보다는 운이다. 하지만 자기계발은 얼마든지 스스로 제어할 수 있는 영역이다. 운에 끌려다니지 않아도 내가 노력한 만큼 이상의 가치를 만들어주니 이것만으로도 얼마나 매력적인 일인가.

『군주론』을 한 줄로 요약하면 '역량을 키워야 한다'일 것이다. 이탈리아 군주가 나라를 잃은 이유도 역량을 키우지 않았기 때문이다. 역량은 종종 행운을 이기기도 한다. 그런 면에서 본다면 이 책은 서양 최고의 자기계발서라고 할 수 있다. 아리스토텔레스의 『니코마코스 윤리학』도 그런 평가를 받긴 하지만 『군주론』과는 다소 차이가 있다. 『군주론』이 훨씬 더 구체적이다. 그런 만큼 이 책은 살면서 우리가 한번은 꼭 읽어야 하는 필독서임에 분명하다.

물론 역량을 계발하는 것이 인생에서 가장 중요한 일은 아니다. 모든 사람이 인생에서 가장 중요한 것은 행복이라고 말한다. 그런데 아무것도 하지 않은 채 행복할 수는 없다. 결국 우리가 하루하루 노력하며 성실하게 쌓아가는 자기계발도 궁극적으로는 더 행복해지기 위해서다.

행복에 관한 여러 책들을 읽다 보면 공통적으로 하는 이야기가 있다. 우리가 행복을 느끼는 순간은 돈, 명예, 권력을 가졌을 때보다 사람과 사람 사이에 있을 때라는 것이다. 이것을 진화론적 차원에서 이야기하는 학자들도 있다. 연세대학교 서은국 교수는 자신의 저서 『행복의 기원』(21세기북스, 2021)에서 인간은 방어와 공격이 가능한 발톱이나 하늘을 날 수 있는 날개를 가지고 있는 다른 동물들처럼 생존에 필요한 특징을 가지고 있지는 않지만 그 대신 단체생활을 할 때 가장 행복해한다고 말한다. 경쟁에서 살아남을 수 있는 무기를 이미 가지고 있기 때문이라는 것이다. 유발 하라리 역시 『사피엔스』(김영사, 2020)에서 사람들이 단체로 생활할 수 있었기에 경쟁에서 살아남았다고 이야기한다.

또 하나의 공통된 이야기는 행복은 '강도'가 아니라 '빈도'에 더 가깝다는 것이다. 사람들은 인생에 한 번 30억짜리 로또에 당첨되는 행복보다 소소하지만 자주, 수시로 행복을 느끼고 싶어 한다. 아무리 큰 금액의 복권에 당첨되었다 하더라도 그 행복이 영원히 지속되지는 않는다. 길어야 몇 년이다. 행복의 크기보다 횟수가 더 중요하다면 더더욱 필요한 것이 자기계발이다. 자신의 능력을 향상시키고 발전시켜나가는 과정 속에서, 그리고 성취와 보람을 느끼는 그 순간순간에 우리는 행복을 느낀다.

3장

건강한 조직문화는 어떻게 만들어지는가

조직 특성에 맞는 유연한 리더십

『군주론』은 앞부분에서 설명한 것처럼 다양한 나라의 형태 중 '새군주국'에 적용되는 리더에 관한 이야기를 다루고 있다. 여기서 굉장히 중요한 전제가 하나 있는데, 이 책의 내용은 기본적으로 상대론적인 입장을 취하고 있다는 점이다.

상대론적인 입장이란 다시 말해 어떤 상황과 조건에도

반드시 통하는 필살의 리더십을 인정하지 않는다는 말과 같다. 마키아벨리는 모든 상황에서 반드시 통하는 보편적이고 초시대적인 군주의 통치 기술에 대해 논하는 것이 아니라, '이러한 상황이라면 이런 방식으로, 저러한 조건이라면 저런 방식으로' 통치하라고 조언한다.

많은 리더들이 자신의 조직이나 팀에서 통할 법한 보편타당하고 변하지 않는 리더의 조건을 알고 싶어 하고 습득하기를 원하지만, 그런 것은 없다! 예를 들어 인격적으로 훌륭한 리더는 언제 어디서나 유능할 것 같지만, 흐름에 따라 빠르게 변화해야 하고 때로는 분초를 다투며 문제에 대응해야 하는 조직에서 인격적 자질은 최우선의 능력 조건이 아니다.

리더가 인격적으로는 훌륭하지만 다른 사람에게 싫은 소리를 잘 못하는 성격이라면, 오히려 카리스마 있게 지시해야 할 때를 놓쳐 문제를 키우는 경우가 발생하기도 한다. 반면에 루틴이 짜여 있고 매뉴얼을 갖춘 조직에서 리더가 제멋대로 독주한다면 카리스마 역시 바람직하지 않다.

카리스마 있는 리더가 필요한 조직에서 서번트 리더십

을 발휘하고, 서번트 리더가 필요한 곳에서 카리스마 리더십을 발휘한다면 조직은 필연적으로 망가진다. 그러므로 리더십을 생각하기 이전에 자신의 조직이나 팀의 성격, 조건, 상황부터 정확하게 파악하는 것이 먼저다. 그런 다음 상황과 환경에 걸맞은 리더로서의 자세를 설정해야 한다. 그렇지 않고 내 스타일을 정해놓고 무조건 따라오라는 자세는 옳지 않다. 자신의 스타일을 고집하며 관철시키려 하기보다 구성원들과 분위기, 환경, 조건들을 먼저 파악한 뒤 자신의 여러 면모 중 그에 가장 부합하는 것을 적절히 활용해 팀을 이끌어야 한다.

마키아벨리는 국가의 상황에 따라 각기 다른 솔루션을 제시하면서 그중 새군주국의 군주가 가져야 할 자질에 대해 제시한다. 다시 말해 군주의 특성에 국가를 맞춰야 한다는 논의는 그 어디에도 없다는 것이다. 그러므로 리더라면 조직의 특성에 맞춰 자신의 리더십을 공고히 해야 하는 것이지, 자신의 리더십에 맞춰 조직을 바꿔야 한다고 생각해서는 안 된다.

물론 자신의 성향에 꼭 들어맞는 팀을 찾아 처음부터

조각하는 방법도 있다. 그러나 대부분의 조직에서 리더가 직접 팀을 구성할 수 있는 경우는 거의 없다. 행여 리더가 그런 위치에 있다 하더라도 조직이 처한 비즈니스 환경 또한 자신에게 맞길 바라는 것은 그야말로 행운에만 의지하는 태도라고 할 수 있다. 리더십은 훈련하기를 반복해 쌓아 올리는 것이지, 종합선물세트처럼 다 만들어진 것을 활용하는 것이 아니라는 점을 이해해야 한다.

어떻게 보일 것인가에 집중하라

『군주론』을 읽고 사람들이 많이 하는 오해 중 하나는 군주가 대중의 여론을 무시하거나 신경 쓰지 않고 카리스마 있게 통치해나간다는 것이다. 왜냐하면 『군주론』의 서술 가운데 '신경 쓰지 말아야 합니다', '무시해야 합니다', '~하게 만들어야 합니다'와 같은 표현들이 반복적으로 나오다 보니 여론과 상관없이 리더는 무조건 자기만의 길을 가야 한다고 이야기하는 것처럼 느껴지기 때문이다. 하지만 잘 읽어보면 『군주론』은 처음부터 끝까지 시민들의 눈치를 보는 방법에 대해 이야기하고 있다. '어떻게 보이는가'가 아닌 '어떻게 보일 것인가?'가 중요하고, 그래서 실제로 어떻게 보여야 하는가에 대해 이야기한다.

『군주론』만큼 군주가 시민들의 시선을 신경 써야 한다고 충고하는 책은 일찍이 없었다. 이 책은 계속해서 '어떻게 시민들에게 좋은 이미지를 심어줄까?'에 대한 구체적인 방법을 제시한다. 심지어 현대에 이르러서는 정치나 통치의 리더십 분야에서 교과서로 쓰이는 것은 물론이거니와 동시에 대중문화 스타들의 이미지를 분석할 때도 훌륭한 이미지론으로 쓰일 정도다.

마키아벨리는 어떤 행동을 지시할 때 행동 자체의 효율성도 거론하지만, 그가 더욱 강조하는 것은 그 행동의 이미지가 주는 효과다. 그는 실제로 그런 것이 중요한 것이 아니라, 그렇게 보이는 것이 결국에는 시민들을 움직이고, 조직을 다스리는 힘으로 나타난다고 말한다. 그런데 여기서 중요한 포인트가 하나 있다. 마키아벨리는 그런 이미지에 신경은 쓰더라도 모든 이미지를 다 취하려고 해서는 안 된다는 메시지도 분명하게 전달한다. 그래서 둘 중 하나밖에 취할 수 없을 때는 더욱 공익에 가까운 이미지를 취하라는 것이다.

마키아벨리는 이런 군주의 자질을 '약탈자'로 표현하기도 했다. 군주가 국정을 잘못 운영해 나라가 가난해져 신민에게 멸시당하지 않으려면 스스로를 방어하기 위해 조금은 약탈자처럼 굴어야 한다는 것이다. 자신의 인색함이나 외부의 멸시와 마주치더라도 그런 태도를 조금은 고집스럽게 견지해야 한다고 말한다. 여기서 약탈이라 함은 진정 신민의 자산을 약탈하라는 것이 아니다. 국고가 바닥나 정말로 신민을 약탈하는 사람이 될 바에는 조금 인색하게 배풀면서 약탈자 같은 '이미지'를 선택하는 것이 그나마 낫다는 뜻이다. 인색함은 군주에게 인간을 통치하는 '효율적인 악행'인 셈이다.

마키아벨리의 관점을 현대 사회에 적용해보면, 일차적으로 리더는 자신의 이미지 관리에 신경을 써야 한다는 메시지를 얻을 수 있다. 여기서 한 단계 더 들어가면 이차적인 메시지를 찾을 수 있다. 리더는 조직원들의 여론과 생각에 크게 관심을 기울여야 한다는 메시지다. 결국 조직이나 팀을 꾸리는 것은 '사람'이다. 사람을 제외하고 시스템만 세워서는 일이 제대로 될 리 없다.

그런데 대기업이고 오래된 기업일수록 시스템이 잘 갖춰져 있다 보니 일 가운데 '사람이 사라지는 경우'가 종종 발생한다. 사람이 있어야 할 자리에 시스템만 남아 있는 것이다. 이런 조직은 경영 환경이 전혀 변하지 않는 시대에는 괜찮게 돌아갈 수 있을지 몰라도, 지금처럼 경영 환경이 급변하는 시대에는 변화에 적응하지 못하는 공룡과 다를 바 없다. 조직과 팀을 움직이는 것은 결국 사람이라는 전제를 바탕에 둔다면 당연히 그들은 어떤 생각을 하고, 왜 그렇게 생각하는지 궁금할 수밖에 없다. 그 생각을 알아야 팀을 제대로 운영할 수 있기 때문이다.

마키아벨리는 조직원의 생각을 듣고 아는 것이 무엇보다 중요하다고 말한다. 잘 돌아가는 조직의 리더로서 먼저 해야 할 일은 카리스마 있는 지시가 아니라, 조직원들의 생각과 요구, 희망, 기대, 불만 같은 심리적 요소들을 분명하게 파악하는 것이다.

2인자를 활용하라

팀장이 되면 팀이 알아서 자동으로 돌아가기를 꿈꾼다. 하지만 현실은 팀장이 세세한 것까지 다 지정해주고 검증해주지 않으면 일이 전혀 진행되지 않는 경우가 다반사다. 팀장 입장에서는 '요즘 직원들은 왜 이렇게 책임감이 없을까?' 하는 한탄이 나오기도 한다. '라떼는 안 그랬는데'라는 말이 목구멍까지 치밀어 오르기도 하지만, 그런 말을 함부로 내뱉었다가는 '꼰대' 소리를 들을까 봐 꾹꾹 눌러 참는 경우도 많다.

이런 팀장들은 팀원들이 주인의식을 가지고 책임감 있게 일하고, 그래서 팀장이 일일이 개입하지 않아도 모든 일을 물 흐르듯 잘 처리하는 팀을 꿈꾼다. 그런데 실제로 이런 팀이 있다면 어떻게 될까? 그 팀에서 더 이상 팀장은 필요하지 않다는 뜻이다. 자영업자나 비즈니스의 오너가 조직이 자동으로 돌아가기를 꿈꾸는 것은 얼마든지 그럴 수 있다. 그는 '쩐주'니까 말이다. 하지만 고용된 팀장의 입장에서 자기가 개입하지 않아도 조직이 자동으로 돌아가기를 바란다는 것은 곧 그가 팀에 없어도 상관없다는 것을 의미한다. 조직의 오너 입장에서 그런 팀장은 잉여 인력으로 받아들일 수밖에 없다.

그러므로 팀의 리더라면 팀을 장악하고 반드시 자신의 자리를 '꼭 있어야 하는 자리'로 만들어야 한다. 하지만 '복사용지는 언제 요청할까?' 같은 세세한 결정까지 일일이 리더가 하려고 하면 이내 피곤해져서 번아웃이 올 수밖에 없다. 자잘한 결정에는 권한 위임이 필요하다. 이때 필요한 것이 바로 2인자다.

간혹 2인자를 키우면 자신이 밀릴 수도 있다는 생각에 2인자의 성장을 견제하는 리더들이 있다. 하지만 그렇게 하면 스스로 모든 일을 떠맡겠다는 뜻이 된다. 2인자는 키우되, 자신의 영향권 아래 그 사람을 두는 식으로 조직을 발전시켜야 한다.

마키아벨리는 앞서도 언급한 것처럼 군주 대신 다른 이에게 오명을 뒤집어씌우거나 악행을 저지를 때 모든 원망을 그에게로 돌린 뒤 군주가 직접 그를 제거함으로써 시민들에게 호감을 쌓으라고 충고한다. 하지만 이 충고는 왕과 신하라는 특수 계급과 중세와 현대라는 시대 차를 고려한다면 그대로 따르기는 무리다. 다만 리더의 역할을 상당 부분 같이 맡아줄 사람이 필요하다는 점은 충분히 공감하는 바다.

2인자를 키워 권한을 위임하는 방식으로 힘을 실어주되 그를 전적으로 믿어서는 안 된다. 가끔은 그를 살펴봐야 하고, 존중은 하되 끌려다니지는 말아야 한다. 그러려면 적어도 조직이나 팀이 어떻게 돌아가고 있는지 정도는 확실하게 알고 있어야 한다. 그렇지 않으면 2인자의 입을 통해 전달되는 말을 곧이곧대로 믿어야 하니 말이다. 이때 2인자가 꼭 한 명일 필요는 없다. 조직의 크기에 따라 파트별로 여러 명에게 권한을 위임할 수도 있다.

그리고 팀원들과 2인자의 입장이 양분될 때는 팀원의 편에 서야 한다. 앞서 귀족과 민중 사이에서 하나를 선택하려면 민중을 선택하라고 한 마키아벨리의 말처럼, 다수의 팀원에 서서 신뢰를 얻는 것이 더욱 효율적인 방법일 테니 말이다.

2인자는 리더의 뜻에 따라 만들 수도 있고 없앨 수도

있지만, 그에 반해 팀원이나 조직원은 한꺼번에 물갈이할 수 없으니 구성원들의 여론에 더욱 귀를 기울여야 한다. 이 때 구성원들의 여론에 귀를 기울여야 한다는 것이 이성적이고 합리적인 판단에 맞는 가치를 따르라는 뜻이 아님을 주의해야 한다. 물론 터무니없거나 비윤리적인 결정까지 무조건 따르라는 말은 아니지만, 그렇다고 해서 자신이 판단할 때 옳다고 생각하는 것만 따르라는 말도 아님을 분명히 알아야 한다. 리더의 입장에서는 2인자의 결정이 적절하다 하더라도 그 결정이 조직 구성원들의 뜻과 어긋난다면, 2인자보다 구성원들의 뜻에 따라야 할 때도 있다는 뜻이다.

리더의 역량이 빛나는 순간

리더와 2인자와의 역할 분담은 어떻게 이루어져야 할까? 간단하게 보면 큰 결정은 리더가 하고 작은 결정은 2인자들이 하는 식으로 시스템을 짜는 것이 좋다. 문제는 어떤 결정이 크고 어떤 결정이 작은지에 대한 기준이 불분명한 경우가 있다는 것이다. 그래서 규칙적으로 반복되는 일들은 2인자들이 각자 맡은 역할대로 하고, 기존에 없던 새로운 선택은 리더가 하는 식으로 방향을 짜는 것이 조금 더 명확하다.

보통 리더의 능력은 루틴이 있는 기존의 시스템에서 벗어났을 때 필요하다. 기존의 업무와는 다른 새로운 비즈니스를 할 때도 필요하지만, 무엇보다 지금 진행 중인 시스템에 문제가 생기거나 프로세스가 꼬였을 때 리더의 능력이 발휘되어야 하는 것이다. 그러므로 기존에 어느 정도 정해진 루틴이 있는 업무 관리는 2인자들이 하고, 그 규칙에서 벗어난 업무가 생겼을 때는 리더가 나서는 방향으로 일이 돌아가야 한다.

이런 팀장의 역량은 마키아벨리가 전쟁에 관해 이야기한 대목에 접목해 생각해볼 수 있다. 마키아벨리는 군주란 전쟁과 전투 방법, 훈련 외에 어떤 것도 취하지 말아야 한다고 말한다. 군주의 핵심 역량에 집중해 에너지가 분산되는 것을 막아야 한다는 것이다.

마키아벨리는 군주의 역량이 전쟁을 통해 발휘된다고 보았고, 군주의 지위를 잃게 만드는 첫 번째 원인이 '군사 관련 기술을 익히는 데에 게으른 것'이라고 말한다. 그 예로 프란체스코 스포르차Francesco Sforza를 들며 "프란체스코 스포르차는 무장했기 때문에 보통사람에서 밀라노 공작이 되었고, 그의 자식들은 군대를 유지하는 과정에서 일어나는 어려움을 피했기 때문에 공작에서 보통사람이 되었다"라고 말할 정도로 군주의 역량은 전쟁 과정에서 드러난다고 이야기한다.

현대 비즈니스 세계도 이런 전쟁 상황과 크게 다르지 않다. 새로운 비즈니스나 프로젝트를 감행해야 하는 경우, 또 기존의 업무에 문제가 생기는 경우가 바로 그런 상황이다. 마키아벨리에 의하면 팀의 리더가 변수가 난무하는 이런 일탈적인 상황에서 업무와 책임을 회피하고 지금껏 해오던 익숙한 업무에만 관여하려 한다면 결국 그 지위를 잃는다는 것이다.

특히 어려운 일이 발생했을 때 리더가 그 문제를 해결하려 하기보다 남의 탓으로 돌리기 위한 원인을 찾는 데에만 집중하는 경우가 있다. 리더가 가장 필요한 순간에 정작 리더가 조직원들의 기대를 배신하는 셈이다. 반대로 바로 그 순간에 리더로서의 존재감을 발휘한다면 평소에 별로 일을 하지 않는 것처럼 보이던 리더라도 구성원들은 믿음과 존경을 보내게 된다. 평소에는 리더의 역할을 크게 느끼지 못하다가도 불시에 문제가 발생하면 리더는 꼭 필요한 존재라고 여기게 되기 때문이다.

따라서 하나의 조직을 이끄는 리더나 팀장이라면 자신의 조직에 닥칠 수 있는 위기와 문제를 예측해 그 각각의 상황에 대한 해결책을 상정하면서 마음속에 항상 대비 태세를 갖춰야 한다.

인기 없는 결정은 어떻게 해야 할까

마키아벨리는 『군주론』에서 "사랑과 두려움을 동시에 받을 수 없다면 두려움을 택하라"고 말하지만 그보다 더 이상적인 것은 "사랑과 두려움을 동시에 받는 것"이라고 말한다. 과연 사랑과 두려움을 동시에 받는 것이 가능할까? 리더의 결정을 예측할 수 있을 때라면 가능할지도 모른다. 하지만 리더는 때때로 구성원들이 맘에 들어 하지 않는 결정을 해야 할 때가 있다. 마키아벨리는 군주가 어쩔 수 없이 구성원들이 원치 않는 결정을 내려야 할 때는 부담스러운 일은 다른 이에게 넘기되, 혜택을 주는 일과 같이 긍정적인 일은 직접 하라고 조언한다. 귀족들의 권력을 존중하되, 민중에게 미움을 받지 않기 위함이다.

이 이야기를 곧이곧대로 해석하면 2인자나 다른 사람에게 인기 없는 결정을 떠넘기라는 이야기다. 하지만 오늘날의 리더는 계급사회의 군주처럼 강력한 권한이 있는 것이 아니기 때문에 2인자가 그런 제안을 고스란히 받아들일 리 없다. 누구나 인기 없는 결정을 하는 것은 꺼려하니 말이다.

그래서 현대 사회에 이 논리를 적용하려면 '다른 사람'에게 결정을 떠넘기는 것이 아니라, '원리, 원칙, 내규, 사규' 등에 의지해야 한다. 다시 말해 인기가 없을 만한 결정의 근거는 항상 이런 규칙이나 원칙에서 가져와야 한다는 뜻이다. 그러면 구성원들도 리더의 결정을 예측할 수 있다. 왜냐하면 규칙이나 원칙은 자신들도 이미 알고 있는 것이기에 충분히 인정할 수 있는 것이다.

반면에 혜택을 주는 일은 '재량, 배려, 관심' 등 리더 본인에게서 그 근거를 가져와야 한다. 단 매번 재량을 발휘한다면 나중에는 그 재량을 권리인 양 당연시하게 된다. 그래서 원칙대로 하면 오히려 섭섭해할 수 있다. 얼마든지 해줄 수 있는데도 안 해준다고 느끼는 것이다. 재량을 발휘할 때는 그야말로 한정적이어야 하고, 평소에는 원리 원칙대로 반영하는 것이 좋다.

원리 원칙대로 처리할 때 섭섭한 감정이 들지 않게 하려면, 처벌하거나 페널티를 부과할 시 최대한 리더 본인의 감정을 싣지 않아야 한다. 부하직원이 일을 못하거나 심지어 망쳐놓으면 그를 상대로 미운 감정이 들기 마련인데, 그렇더라도 그 감정을 표출해서는 안 된다. 말을 할 때 폭언이나 인신공격 같은 발언이 섞이지 않도록 각별한 주의가 필요하다.

인간은 심리적 방어기제를 가지고 있어서 자신의 잘못

은 실제보다 작게 느끼고, 다른 사람의 잘못은 실제보다 크게 느낀다. 그래서 정당한 페널티를 받았는데도 자신이 아닌 다른 사람의 탓으로 돌리고 싶어 하고, 내가 못해서가 아니라 팀장이 나를 미워해서 페널티를 받은 것으로 인지하고 싶어 한다. 그런 욕구는 팀장의 감정 섞인 말 한마디에 확신으로 바뀐다. 마음속으로 내내 자신의 욕구를 정당화해줄 근거를 찾고 있었기 때문이다.

결국 두려움은 원리 원칙을 철저히 지킬 때, 그리고 사랑은 그 원칙을 바탕으로 재량을 발휘할 때 얻을 수 있다. 물론 자신의 조직 특성에 맞게 이 둘 사이의 균형을 잘 지키는 것이 리더가 갖춰야 할 핵심 역량일 것이다.

구성원의 자부심을 강하게 만드는 법

충성스러운 부하들은 관리에 의해 만들어진다. 마키아벨리는 한정적인 재원으로 부하들의 사기를 북돋는 방법 중 하나로, 전쟁에서 획득한 전리품을 그들에게 나눠주라고 제시한다. 그런 면에서 본다면 새로운 비즈니스나 계획된 일보다 더 많은 성과를 내면 인센티브라는 명목으로 이를 구성원들과 나눠 갖는 것이 조직에 대한 충성을 이끌어내는 좋은 방법이다.

현대 사회에서 '조직에 대한 충성심'이라는 용어는 너무 전근대적인 만큼 '자부심'이라는 말로 대체할 수 있다. 그러니까 회사에 대한 자부심이 강하다는 것은 곧 충성심이 강하다는 말이다. 그런 면에서 볼 때 인센티브가 많기로 유명한 대기업이나 몇몇 IT 업체 같은 경우는 구성원들의 자부심 또한 강한 편이다.

또한 충성스러운 부하는 자신의 몫을 빼앗기지 않을 때 존재한다. 예컨대 신민의 재산을 강탈하는 행위는 사람들로 하여금 분노를 유발할 수 있기 때문에 삼가야 한다. 보통사람들이라면 자신들의 재산과 명예를 빼앗기지 않는 한 대체로 만족하며 살아갈 테니 말이다.

팀원의 공로를 가로채는 팀장, 약속했던 인센티브를 주지 않는 사업주, 구성원의 잘한 점을 인정하지 않는 리더는 모두 당하는 입장에서는 자신의 재산이나 명예를 강탈

당했다고 느낄 수 있다. 그러니 잘한 일에 대해서는 확실한 칭찬과 인정을 아끼지 않아야 하고, 못한 일에 대해서는 규칙에 근거하되 감정이 배제된 페널티를 정확하게 부여한다면 구성원들은 팀의 일원으로서 자신의 역할과 책임을 다하게 된다.

4장

각자도생 사회에서의 군주론

이상적인 조직이 아닌 현실적인 조직

『군주론』을 읽다 보면 각자도생의 사회가 전제된 듯한 느낌이 들기도 하지만, 사실 이 책은 끊임없이 함께 사는 사회에 대해 이야기한다. 그것이 리더로서 어떻게 국민과 함께하고 효과적으로 집단을 이끌 것인가에 대한 관심으로 표출된 것일 뿐이다.

리더가 리더로서 기능하지 못하면 피해를 입는 것은 그

구성원들이기 때문에, 수많은 사람이 더불어 살아가기 위해서는 통치의 기술이 필수다. 이 책의 내용이 때로는 비정하게 느껴질 정도의 통치 기술을 이야기하는 것도 모두가 각자의 책임을 다할 때 더불어 살아갈 수 있다는 것을 강조하기 위해서다.

마키아벨리가 이 책에서 다루고 있는 내용들이 냉철해 보이는 이유는 우리에게는 이상적인 인간상과 사회에 대한 믿음이 있기 때문이다. 이상에 대한 믿음은 구성원 개개인이 선하다고 가정하고 조직을 생각한다. 하지만 그 속에 이상적인 구성원이 아닌 '이상한 구성원'이 한 명이라도 존재하면 조직에 틈이 생기게 되고, 그 틈은 곧 조직의 균열과 붕괴로 이어진다. 그러므로 마키아벨리는 현실적인 구성원을 생각한다. 이 현실적인 구성원을 이끌 수 있는 통치는 단연 현실적인 통치다.

앞서 2부에서 소개한 바 있는 '어떻게 사는가'와 '어떻게 살아야 할 것인가'에 관한 이야기를 다시 생각해보자. 이상과 현실 중 이상에 머물지 말고 현실적으로 필요한 것들을 고민하며 실행할 때, 군주는 보다 현명한 사람으로 남을 확률이 높아진다. 착하기만 한 사람은 그렇지 않은 모진 사람 곁에서 상처 입기 십상이다. 군주란 '착하게 굴지 않는 법'을 적절히 배워야 할 필요가 있는 것이다.

바로 이 부분이 『군주론』의 탁월한 점이자, 마키아벨리가 '나쁜 놈'으로 오해받는 핵심 요소다. 그런데 마키아벨리가 여기서 말한 '착하게 굴지 않는 법'이라 함은 실제로 '나쁜 짓'에 대한 이야기가 아니다. 바로 '이상적 생각이나 행동'이 아닌 '현실적인 행동과 생각'을 뜻한다. 현실적인 선택이라는 것이 모두 다 나쁜 것은 아니다. 실제로 현대를 살아가는 우리는 이상적인 선택보다는 현실적인 선택에 상당히 익숙하니 말이다.

그렇다면 여기에서 이런 질문이 나올 수 있다. '그렇게 만들어가는 사회가 어떻게 공익에 부합하는가?', '군주론의 냉철함이 어떻게 공공질서에 기여하는 힘이 되는가?' 사실 이런 논의는 이미 끝난 셈이다. 우리가 지금 살고 있는 사회는 마키아벨리가 전제한 사회 위에 구축된 상태이니 말이다. 우리의 사회는 이상적인 기반이 아닌 현실적인 기반 위에 세워져 있다. 그러니 현실적인 지향이 공익에 더 부합하지 않겠는가.

우리의 사회생활을 규정하는 법의 전제는 정의가 아니다. 법은 '정의로운가'보다 '유효성이 있는가'가 더 중요한 기준이 된다. 횡단보도가 아닌 곳에서 길을 건너면 벌금을 내야 하는 이유는 그것의 정의로움 때문이 아니라 그렇지 않을 경우 사고가 날 위험성이 있기 때문이다.

그래서 법은 그 규약이 정의로운가가 중요한 것이 아니라, 그 규약이 국민의 공동생활에 유효하며 국민의 법 감정에 맞는가를 따져 묻는다. 그리고 헌법 소원 같은 몇 가지 예외를 제외한 대부분의 재판에서는 법을 지켰는지 아닌지를 따지지, 그 법이 지킬 만한 것인지 아닌지를 따지지 않는다.

어떻게 생각하면 현대 사회가 현실적인 유효성을 기반으로 움직이게 된 것은 마키아벨리의 『군주론』 같은 논의들이 나오기 시작하면서부터라고 할 수 있다. 『군주론』 이후 200여 년이 지나 나온 책 중 하나가 프랑스의 사상가 몽테스키외Charles Louis Joseph de Secondat, Baron de la Brède et de Montesquieu가 쓴 『법의 정신』이다. 이 책은 삼권 분립을 논함으로써 근대 민주주의의 기초가 된 책 중 하나다. 당연히 근대법의 형성에도 상당한 영향을 미쳤다.

『법의 정신』은 몽테스키외가 고대, 중세, 근대 여러 나라의 법과 제도를 살펴 연구한 뒤 그것들을 정리해 집필한 책으로, 부제는 '법의 정신, 또는 법이 각국의 정부 구성, 풍습, 기후, 상업 등의 구성과 맺는 관계에 관하여'다. 세계 여러 나라의 사례들을 수집해 집필한 책이다 보니 자연스럽게 상대론적인 관점을 지닌다. 법은 어느 시대, 어느 국가에나 동일하게 적용되어야 한다는 관점에서 벗어나 각 나라마다의 처한 상황과 시대정신 등에 따라 다르게 적용된다는 관점이다. 그러니까 법은 절대적이지 않고 사회, 환경, 시대에 따라 상대적일 수 있음을 말한 책이다. 이 책의 서술 방식과 현실적인 관점은 『군주론』과 상당히 유사하다. 『군주론』이 이 책보다 200여 년 앞서 쓰였으니 그 책에서 제시된 관점들이 몽테스키외에게도 어느 정도 영향을 주지 않았을까 짐작해볼 수 있다.

여러 사람들이 모여 공동체 생활을 영위하는 사회를 유지하기 위해 필요한 것, 다시 말해 사익이 아닌 공익을 위해 필요한 것이 바로 현실적인 관점이다. 그 관점 위에 법, 제도, 규칙 등이 성립되어야 사회가 큰 문제 없이 돌아간다.

조직의 존립 이유는 결과에 있다

『군주론』이 만약 각자도생 사회를 지지하는 관점이라면 마키아벨리가 말하는 이미지론이나 견제와 균형의 통치론은 무의미하다. 이런 논의들은 공동체 사회를 현실적인 방법으로 유지하려는 시도이기 때문이다.

　『군주론』의 관점은 냉정이 아닌 현실이다. 그러므로 리더로서 조직을 잘 운영하려면 이상을 믿기보다 현실을 직시해야 한다. 이상적으로 구성된 팀을 만들려고 하지 말고 현실적으로 돌아가는 팀을 만들어야 한다. 조직 안에서 견제와 균형의 장치를 만들고, 공평함이 아닌 전략적 불공평으로 실세를 만들어 구성원이 효과적으로 움직이게 해야 한다. 얼핏 보면 '나쁜 짓'으로 보일 수 있는 이런 '현실적인 일'들이 사실은 조직을 움직이는 원동력이 되는 경우는 아주 흔하다.

리더는 이상적인 팀을 조각하려 하지 말고, 현실적인 팀을 만들어야 한다. 그리고 현실적인 조직을 만들 때 중요한 것 중 하나가 결과다. 과정이 아름답다고 해서 무조건 좋은 팀이 되는 것이 아니라, 결과가 있어야만 그 조직의 존립 이유가 있는 것이다.

결과가 수단까지 지배하는 것이 현실이다. 우리 사회에서 요즘 많이 사용하는 '졌잘싸'라는 말이 있다. '졌지만 잘 싸웠다'라는 뜻인데, 보통 스포츠 경기에서 최선을 다하다가 진 아름다운 패배를 말할 때 사용한다. 하지만 현실에서는 지는 순간 조직이 해체되거나 와해된다. 지는 순간 조직이 사라진다면 아무리 아름다운 패배라 한들 아무 소용이 없다. 그러니 어떻게든 결과가 잘 나오도록 움직여야 하는 것이다.

마키아벨리도 결과의 중요성을 몸소 보여준 적이 있다. 앞에서 언급했던 것처럼 체사레 보르자의 피렌체 침략을 프랑스를 통해 막았을 때다. 정당한 방법으로는 설득은커

넝 프랑스 왕을 만날 수조차 없다는 것을 깨달은 마키아벨리는 피렌체에 연락해 뇌물을 조달했고, 결국 프랑스 왕의 개입을 얻어내는 데에 성공했다. 그러니까 뇌물을 써서라도 원하는 결과를 만들어낸 것이다.

여기서 자칫 '그렇다면 결과를 위해 수단은 아무 상관이 없다는 말인가?'라고 생각하기 쉬운데, 꼭 그렇다고 할 수만은 없다. 지금 사회에서야 뇌물이 처벌의 대상이지만 당시 사회에서는 범법이 아니었던 까닭이다. 대놓고 이야기할 수는 없지만 그렇다고 금기시되는 수단도 아니었기에 수행하는 입장에서는 원하는 결과를 얻기 위해 선택할 수밖에 없는 최후의 수단이었을 뿐이다. 마키아벨리는 당시 법의 테두리 안에서 할 수 있는 여러 방법으로 성과를 낸 것이지, 불법적으로 성과를 내지는 않았다. 하지만 마키아벨리가 이상적으로 인간을 믿으며 마냥 프랑스의 선의를 기다렸다면 피렌체는 체사레 보르자의 공격을 받았을 가능성이 크다는 점을 간과해서는 안 된다.

그러므로 『군주론』이 전하는 가르침은 리더라면 범법이 아닌 한 결과를 만들어내기 위해 최선을 다해야 한다는 것이다. 조직의 존립 기반은 결과에 있다. 냉철하고 비정하게 보이더라도 결과를 만들어내면 조직이 탄탄해진다. 아름다운 패배라는 이름으로 과정의 정당함에만 매몰되다 보면 결국 조직은 해체되고, 그 조직에 기반해 생활을 영위하던 구성원 모두를 낭떠러지로 내몰게 되는 것이다.

적자생존의 진정한 뜻

찰스 다윈이 『종의 기원』을 발표한 뒤 '적자생존'은 인간을 포함한 생태계의 진리처럼 인식되어왔다. 제국주의 시절, 식민지를 확장하던 제국들의 논리 또한 적자생존이었던 까닭에 이 말은 세계적으로 사용되었다. 하지만 제국주의와 함께 사용되다 보니 대부분의 사람들에게 부정적으로 인식되었다. '강자만이 살아남는다', '강자라야 지배할 자격이 있다' 같은 인식인데, 그러려면 이 단어는 '강자생존'이 되어야 한다. 적자생존의 진짜 뜻은 '적합한 것이 살아남는다'이다.

물론 강한 개체는 살아남을 확률이 높다. 일정한 환경에서라면 그렇다. 하지만 변화의 환경에서는 적합한 개체들이 살아남을 확률이 높아진다. 예를 들어 지구상에 기후변화가 시작되자 당시 생태계 최강자인 공룡들은 적응하지 못하고 결국 멸종되었다. 새로운 기후에 적응하지 못한 것이다. 오히려 당시는 존재감도 없던 작은 포유류들이 새롭게 바뀐 기후에 적응해 오늘날과 같은 지구의 모습을 만들어냈다. 찰스 다윈이 말하는 적자생존도 환경과 기후를 종합해보니 거기에 어울리게 생물이 진화했다는 것이다. 그래서 결국 무조건 강한 것이 아니라 환경에 맞는 개체들이 살아남았다는 개념이다.

그런 의미에서 본다면 마키아벨리의 주장 역시 수단과 방법을 가리지 않고 무조건 강자가 되어 통치해야 한다는 것이 아니다. 그는 군주국의 성격과 처한 환경에 따라 리더의 할 일을 각기 다르게 구분한다. 특히 마키아벨리가 집중적으로 제시하는 내용은 새군주국의 군주 역할이지 모든 나라에 해당하는 군주 역할이 아니다. 다만 현대에 적용해보면 대부분의 조직이나 팀이 새군주국과 유사한 환경이다 보니 리더론으로서 효용이 있는 것이다. 그렇기 때문에 환경에 대한 인지와 조건에 대한 판단이 우선이다.

마키아벨리는 종교가 인간의 모든 생활을 통제하던 중세와 달리 이제는 새로운 통치의 기술이 필요하다고 판단했다. 그런 판단을 선제적으로 제시한 것이 아니라 동서고금을 넘나드는 여러 나라의 사례들을 통해 귀납적으로 정리하고, 새로운 시대에 적합한 새로운 통치 방법을 제시한 것이 바로 『군주론』이다.

지금 이 시점에서 우리가 『군주론』을 살펴봐야 하는 이유는 우리가 살고 있는 현대 사회의 변화 속도가 그 어느 때보다 빠르기 때문이다. 자고 일어나면 신기술이 만들어지고, 그로 인한 라이프스타일의 변화와 비즈니스 환경의 변화는 정신을 차릴 수 없을 정도로 가속화되고 있다. 이런 상황과 환경 속에서 우리는 『군주론』을 보며 조직의 리더가 어떻게 해야 하는지에 대한 생각을 다잡을 수 있다.

이런 변화 속에서 진정 빛을 발하는 것은 『군주론』이 핵심적으로 강조하는 '실용'이다. 실용은 간혹 이상론과 부딪칠 때도 있지만 우리 사회의 법, 제도, 규칙 등이 사실은 실용론의 관점에서 만들어졌다는 것을 알면, 실용이라는 방향성이 조직을 이끄는 대원칙으로 더없이 적합하다는 사실을 깨달을 수 있다.

물론 실용과 이상이 같은 방향이라면 더할 나위 없이 좋겠지만, 그렇지 않고 실용과 이상이 각기 다른 방향으로 향해 있다면 지금 우리 사회가 선택할 수 있는 길은 실용이다. 그것이 결국 팀을 성공적으로 이끌고 조직을 지키는 방법일 수 있다. 그리고 그런 방향성을 제시하고 이끄는 것이 리더의 역할이다. 마키아벨리의 『군주론』은 변화가 가속화된 우리 사회에 필요한 진정한 리더의 길이 무엇인지를 구체적으로 알려준다.

에필로그

　『군주론』을 읽다 보면 '쓴웃음'이 나올 때가 많다. 마키아벨리가 기본적으로 인간을 너무 이기적이고 충동적이며 가벼운 존재로 다루고 있는데, 결국 그 관점에 동의하게 되기 때문이다. 인정하기는 싫지만 맞는 말일 때 나오는 것이 바로 쓴웃음이다.

　『군주론』이 전제한 인간에 대한 관점은 지난 500여 년의 여러 시대와 상황 속에서 다양하게 증명되기도 했다. 그렇기 때문에 『군주론』이 시대를 뚫고 살아남은 고전으로 지금도 우리 앞에 서 있는 것이다. 마키아벨리의 제안은 그의 관점에 동의하든 동의하지 않든 우리 모두에게 매우 현실적인 하나의 네비게이션임에는 틀림없다.

고전을 읽는 즐거움은 과거에 대한 지식이 쌓이는 데에 있는 것이 아니라, 그 안에서 발견한 인사이트가 현재에 딱 들어맞는 데에 있다. 고전은 과거에 있기 때문에 의미 있는 것이 아니라, 현재에 소환되기 때문에 빛나는 것이다. 현재에 힘을 쓰지 못하는 고전은 마치 골동품과 같다. 하지만 여전히 읽히고 유용한 고전은 그야말로 숨은 보석이다. 수백 년을 통과한 인간사의 진리가 그 안에 들어 있기 때문이다.

인간에 대한 이해, 역사를 통한 증명, 그리고 한 시대가 보장하는 내용 등 고전에는 있어야 할 모든 것들이 들어 있다. 다만 한 가지 고전을 고전 그대로가 아닌 자신의 팀, 자신의 사업, 자신의 현재 상황에 적용해 읽지 않으면 활용을 10퍼센트밖에 못하는 셈이다.

『군주론』을 통해 고전 읽기와 현대적 해석의 새로운 감각을 익혔기를 바란다. 고전 중에서도 이렇게 세계적으로 그 가치를 높게 평가받는 고전은 그리 많지 않다. 이번 기회에 굵직한 고전 도서들을 찾아 읽으면서 현재 자신이 처한 상황에 적용해보면 조금 더 발전적인 비전을 찾을 수 있을 것이다. 성공을 향한 자기계발은 기술적이고 단기적이지만 성취를 향한 자기계발은 우리 인생을 풍요롭게 만든다. 고전을 통한 자기계발이 필요한 이유다.

이제 『아주 개인적인 군주론』은 마무리하지만, 이후로도 이 책을 읽은 독자들이 좀 더 다양한 분야의 고전을 자신의 삶에 적용해보기를 바란다. 고전을 통해 무조건적인 정답을 찾으려 하지 말고, 자신에게 적합한 답을 찾을 수 있기를 바란다. 또한 그렇게 찾은 자신만의 답이 인생의 여러 길에서 반짝반짝 빛을 내며, 현명하고 행복한 길잡이가 되기를 바란다.

군주론

Il Principe

이탈리아의 마키아벨리가 1513년에 집필한 책으로 군주의 통치 기술이 담겨 있다. 분열된 이탈리아의 통일을 위해 군주는 강한 결단력과 권모술수적인 행위도 할 수 있어야 한다는 주장으로 인해 후대에 많은 논란이 있었으나 한편으로는 현실에 입각한 정치철학이 발달하는 계기가 되기도 했다. 버트런드 러셀은 이 책에서 주장하는 내용은 단지 권력을 획득하고 싶으면 냉철하게 현실을 봐야 하는 것이고, 그것이 선인지 악인지는 다른 문제라고 이야기했다. 마키아벨리는 정치를 윤리와 분리한 것일 뿐 부도덕한 시점에서 본 것은 아니라는 것이다.

포르투나 & 비르투

Fortuna & Virtu

포르투나는 운명, 행운의 여신이라는 뜻이고, 비르투는 이에 대응하는 개념으로 능력, 역량, 탁월함 등으로 해석할 수 있다. 마키아벨리는 강력한 군주는 포르투나와 비르투의 균형에 의해 만들어지며, 국가의 성공은 비르투에 달려 있다고 보았다. 시민과 지도자가 비르투, 즉 역량을 발휘해 변덕스러운 포르투나를 통제하면 국가는 위대함을 성취한다는 것이다. 마키아벨리는 운명의 힘인 포르투나를 '격렬히 흐르는 강물'에 비유했다. 격렬한 강물은 홍수를 일으켜 평야를 덮칠 수 있다. 그는 "만약 이탈리아가 독일, 스페인, 프랑스처럼 적절한 역량(비르투)을 갖추고 대비했다면, 홍수(포르투나)가 났어도 그렇게 커다란 변화를 초래하지는 않았을 것입니다. 어쩌면 아예 홍수가 나지 않았을지도 모릅니다"라고 이야기한다.

메디치 가문

Medici Family

르네상스 시대 이탈리아의 명가로 피렌체에서 일종의 친족 지배인 시뇨리아 체제를 확립해 막대한 권력과 영향력을 행사한 가문이다. 중세 이탈리아에는 밀라노의 비스콘티 가문과 스포르차 가문, 페라라의 에스테 가문, 만토바의 곤차가 가문 등 여러 귀족 가문이 존재했는데 그중 가장 유명한 가문은 단연 메디치였다. 13세기 말부터 동방 무역과 금융업으로 번성했으며, 동시대의 여러 예술가들을 후원하고 문화예술 분야의 진흥에 기여하는 등 르네상스에 공헌한 바가 매우 크다. 군주와 교황을 배출했으나 18세기에 단절되었다.

붉은 여왕 효과

Red Queen Effect

루이스 캐럴의 소설 『거울 나라의 앨리스』에서 붉은 여왕이 주인공인 앨리스에게 "제자리에 있기 위해서는 끊임없이 뛰어야 한다"고 말한 데에서 유래했으며, 어떤 대상이 변화하려고 해도 주변 환경과 경쟁 대상 역시 끊임없이 변화하기 때문에 상대적으로 뒤처지거나 제자리에 머무를 수밖에 없는 현상을 말한다. 치열한 경쟁 사회에서 끊임없이 노력해도 다른 사람과의 격차가 좁혀지지 않는 상황을 비유하는 용어로 쓰인다. 주변의 물체가 움직이면 주변의 세계도 같이 연동해 움직이기 때문에 앞으로 나아가기 위해서는 죽어라 달릴 수밖에 없는 거울 나라를 상징하는 역설이다. 시카고대학교 진화학자 리 반 베일른이 생태계의 편형관계를 묘사하기 위해 '붉은 여왕 효과'라고 부르면서 통용되기 시작했다.

체사레 보르자

Cesare Borgia

스페인 귀족 보르자 가문 출신으로 르네상스 시대 이탈리아의 전제군주이자 교황군의 총사령관이었으며, 아버지이자 교황인 알렉산데르 6세의 지원으로 중부 이탈리아의 로마냐 지방을 정복해 지배했다. 그는 역사상 스스로 추기경직에서 사임한 최초의 인물이기도 하다. 아버지 알렉산데르 6세의 사망과 그의 경쟁자 율리오 2세의 즉위, 그리고 자신의 신병으로 급격하게 몰락한 그는 이후 전쟁터에서 31세의 나이로 죽음을 맞이한다. 뛰어난 군사 전략과 외교술, 정치 감각으로 한 시대를 뒤흔들었던 인물로 널리 알려져 있으며, 마키아벨리는 그를 이상적인 모델로 삼아 『군주론』을 집필했다.

잘라파고스 신드롬

Jalapagos Syndrome

일본Japan과 갈라파고스Galapagos의 합성어로 세계 시장의 변화에도 불구하고 자신들만의 표준을 고집함으로써 글로벌 시장에서 고립되어버린 일본의 상황을 비유하는 말이다. 일본의 IT 산업은 초창기에는 자국 시장에 특화된 독자적인 기술과 서비스, 제품으로 주목을 받았지만 세계 시장의 변화를 외면한 채 자국 시장에만 안주한 결과 21세기에 이르러 경쟁력을 잃고 세계 IT 시장에서 고립된 현상을 말한다.

KI신서 10942
아주 개인적인 군주론

1판 1쇄 인쇄 2023년 5월 19일
1판 1쇄 발행 2023년 5월 31일

지은이 이시한
펴낸이 김영곤
펴낸곳 (주)북이십일 21세기북스

콘텐츠개발본부이사 정지은
인생명강팀장 윤서진 **인생명강팀** 최은아 강혜지 황보주향 심세미
디자인 형태와내용사이
출판마케팅영업본부장 민안기
마케팅2팀 나은경 정유진 박보미 백다희
출판영업팀 최명열 김다운 김도연
제작팀 이영민 권경민

출판등록 2000년 5월 6일 제406-2003-061호
주소 (10881) 경기도 파주시 회동길 201(문발동)
대표전화 031-955-2100 **팩스** 031-955-2151 **이메일** book21@book21.co.kr

(주)북이십일 경계를 허무는 콘텐츠 리더

21세기북스 채널에서 도서 정보와 다양한 영상자료, 이벤트를 만나세요!
페이스북 facebook.com/jiinpill21 **포스트** post.naver.com/21c_editors
인스타그램 instagram.com/jiinpill21 **홈페이지** www.book21.com
유튜브 youtube.com/book21pub

서울대 가지 않아도 들을 수 있는 명강의! 〈서가명강〉
'서가명강'에서는 〈서가명강〉과 〈인생명강〉을 함께 만날 수 있습니다.
유튜브, 네이버, 팟캐스트에서 '서가명강'을 검색해보세요!

ⓒ 이시한, 2023

ISBN 978-89-509-2223-8 04300
    978-89-509-9470-9 (세트)

· 이 책 내용의 일부 또는 전부를 재사용하려면 반드시 ㈜북이십일의 동의를 얻어야 합니다.
· 잘못 만들어진 책은 구입하신 서점에서 교환해드립니다.
· 책값은 뒤표지에 있습니다.